MA YUN
How To Work

马云工作法

阿里巴巴从不外传的管理实招与工作准则

陈实◎著

江西美术出版社
JIANGXI FINE ARTS PUBLISHING HOUSE

图书在版编目（CIP）数据

马云工作法 / 陈实著 . -- 南昌：江西美术出版社，2017.5

ISBN 978-7-5480-4330-0

Ⅰ.①马… Ⅱ.①陈… Ⅲ.①马云 – 企业管理 – 经验 Ⅳ.① F279.23

中国版本图书馆 CIP 数据核字 (2017) 第 036346 号

出 品 人：汤 华
企 划：江西美术出版社北京分社（北京江美长风文化传播有限公司）
策 划：北京兴盛乐书刊发行有限责任公司
责任编辑：王国栋 宗丽珍 康紫苏 刘霄汉 朱鲁巍
版式设计：曹 敏
责任印制：谭 勋

马云工作法

作 者：陈 实

出 版：江西美术出版社
社 址：南昌市子安路 66 号江美大厦
网 址：http：//www.jxfinearts.com
电子信箱：jxms@jxfinearts.com
电 话：010-82293750 0791-86566124
邮 编：330025
经 销：全国新华书店
印 刷：保定市西城胶印有限公司
版 次：2017 年 5 月第 1 版
印 次：2017 年 5 月第 1 次印刷
开 本：880mm×1280mm 1/32
印 张：7
I S B N：978-7-5480-4330-0
定 价：26.80 元

的阿里应对一次又一次的挑战，不断前行的呢?

有人看到了马云敢于干大事、不走寻常路的精神，有人看到了马云杰出的、极富煽动力的口才，还有人看到了马云会宣传、会推销。但是这些看法都是片面的，没有人能够随随便便就取得成就，一个人的成功总是有着其深刻内因的。因此，在本书中，我们对马云的工作方法进行了全面的研究和分析，并且通过系统化的梳理和整合，精粹出一系列马云在工作中常用的方法，这些方法涵盖目标管理、执行力打造、领导力提升、管人用人留人、内部沟通、品牌营销、团队协作等方方面面。这些工作方法，帮助不懂技术的马云成功打造了自己的网络帝国，帮助马云团结了一大批精英人才，帮助马云完成了"让天下没有难做的生意"的目标……因此，无论你是一个普通员工，还是一个管理者，相信都能够从马云工作法中获得积极的启示，你将因此跳出工作误区，掌握有效的工作技巧，提高日常的工作效率，实现自己在职业中的自我提升。

关于目标。有目标的人睡不着，没目标的人睡不醒，马云认为真正的目标会让你朝思暮想、时刻都想，而且一想起就热血沸腾。而为了达成目标，你还要有非同一般的专注，任何诱惑都不能让你分心，任何挫折都不能压垮你的决心。

关于执行力。执行力包含完成任务的意愿、完成任务的能力、完成任务的程度。对个人而言执行力就是办事能力；对团队而言执行力就是战斗力；对企业而言执行力就是经营能

序　言

　　2015年6月9日，马云受邀出席著名的纽约经济俱乐部（THE ECONOMIC CLUB OF NEW YORK），他是首位担任演讲嘉宾的中国企业家，尽管门票高达250美元，但仍是一票难求，正常800人容量的演讲大厅，满满地塞进了1200人。马云将阿里的愿景为先、自我颠覆的价值观传递到了美国，而马云站在这里的底气，就是阿里、淘宝、天猫、阿里云等业务的国际化——马云为美国中小企业13天卖出168吨车厘子、一天10159份冰淇淋，而阿拉斯加海鲜一周的销售量便超越了沃尔玛山姆会员店5个月的销量。

　　是的，马云谱写了一个传奇，震撼了国内外企业界：他只用了7年时间就创建了全球电子商务第一品牌——阿里巴巴；他是"网商新时代"的经营第一剑客，网络中的"拿破仑"；他是登上《福布斯》杂志封面的"中国第一人"……这个曾经被冠以"骗子、疯子、狂人"的人，曾经带领他的团队创造了中国互联网众多的第一。更让人们津津乐道的是马云的成功密码，他为阿里设定了做102年的愿景，那么他是如何领导庞大力。在马云看来，执行力就是应不遗余力地立刻、现在、马上去做！

　　关于沟通。企业与员工的立场难免有不能共通之处，要善用沟通的力量及时调整双方利益；用高质量、等距离的沟通，化解员工的对抗、猜疑和放弃沟通的消极情绪……有技巧地沟通，几乎能解决一半的管理问题。

　　你看到了马云在媒体前的高调，却没有看到他在工作中的低调务实；你看到了阿里不断涌现的精英人才，却没有看到马云如何费尽心思地用人留人；你看到了马云在管理中的不留情面，却没有看到他对阿里企业价值观的培育和坚守……这是一次对马云工作方法的全方位解析，《马云工作法》为你还原一个真实的马云，管理细节、实招、理念，全部都是干货——如果你错过了这本书，那么错过的将是一堂可能帮助你走向成功的精彩管理课！

目　录

第一章

牢记目标才能把握努力的方向

专注一件事，守好一个目标

马云自1999年做电子商务B2B始，在此后的9年多时间里，"让天下没有难做的生意"一直是马云和阿里巴巴所追求的目标，更是后来阿里巴巴大厦赖以发展的基石，从来没有动摇过。正是因为马云专注于自己的目标，才带着阿里人最终办出一个世界最大的电子商务网站来。

互联网产业的特点是变幻无常，模式众多，诱惑更多。互联网里面的宝物琳琅满目，令人眼花缭乱；但马云只拣了一样宝物——电子商务，对其他宝物视而不见。

因为马云很早就认识到，大多数人一辈子也许只能做一件事，世界上80%以上的成功企业都是只做一个主业。专注是马云的成功之道。

是马云独具慧眼，还是他撞上了大运？也许只能用运气好来解释。他捡的这个宝物居然是山洞里最值钱的钻石。但这是一颗镶嵌在石头里的钻石，大多数人与之擦肩而过，看不出它的价值。

"让别人跟着鲸鱼跑吧！"这是马云经常说的一句话。马云把大企业比作鲸鱼，小企业称为虾米。阿里巴巴就是为那些中小企业服务的，马云如此定位阿里巴巴的服务方向，是因为："亚洲是最大的出口基地，我们以出口为目标。帮助中国企业出口，帮助全国中小企业出口是我们的方向。我们必须围绕企业对企业的电子商务。无论是在'中国黄页'还是在外经贸部做客户宣传的时候，会见一个国有企业的领导要谈13次才能说服他，在浙江一带去3趟就可以了。这让我相信：中小企业的电子商务更有希望，更好做。我从新加坡回来时就决定：电子商务要为中国的中小企业服务。这是阿里巴巴最早的想法。"

国外的B2B都是以大企业为主，阿里巴巴以中小企业为主。鲸鱼有油水，资金、人力、技术都很充足，像Commerce One、Ariba这样的欧美公司来到中国，他们的目标是找鲸鱼。可是中国没有多少鲸鱼，即便为数不多的那么几条，还有些是不健康的，贸易流程不一样，信息化程度低，等等。

可以说，这种以服务中小企业为主的模式是阿里巴巴独创。马云不愿意去模仿那些已经成熟的企业的做法。如果说，马云的"抓兔子"理论为其锁定做电子商务B2B这一"让天下没有难做的生意"的目标的话，他的鲸鱼虾米之说则是具体的实施策略和方法，这就是专门做针对中小企业的电子商务B2B。

马云预测，网络的普及将是对大公司模式的终结。他认为，在工业时代，一家公司要向全世界扩张必须拥有雄厚的资本，并借助开设海外分公司、办事处等方式才能如愿以偿。但在网络时代，一家公司要进入他国市场并不需要太多的资金，网络的即时和大量信息使中小企业可以获得原先只有国际公司才能获得的商机。

马云的分析无疑是对的。中国市场是巨大的，世界需要中国，中国也需要世界。中国于2001年加入世贸组织，中国劳动密集型产业的发达，使得中国成为世界的工厂，一时间"中国制造"风靡全球。

中小企业特别适合亚洲和发展中国家。发达国家是讲资金讲规模，而发展中国家在信息时代不是讲规模而是讲灵活，以量取胜，所以我们称之为蚂蚁大军。阿里巴巴每年的续签率达到75%，要知道中小企业的死亡率都可以达到15%，他们续签首先说明他们已经存活下来了。

"让天下没有难做的生意"的目标，使阿里巴巴受到了众多客户的尊重。因为阿里巴巴这个平台，不仅解决了众多中小企业的问题，也为社会创造了很多的就业机会。

马云后来总结道："我们是要让中小企业真正赚钱，我们让中小企业有更多的后继者，我们国家有十三四亿人口，20年以后可能很多人因各种各样的原因失业，我希望电子商务帮助更多的人有就业机会。有就业机会，社会就稳定，家庭就稳定，事业就发展。"

2001年，中国企业"入世"，为更好地开拓国际市场的目标，阿里巴巴推出"中国供应商"服务，向全球推荐中国优秀的出口企业和商品，同时推出"阿里巴巴推荐采购商"服务，与国际采购集团沃尔玛、通用电气、Markant和Sobond等结盟，共同在网上进行跨国采购。

同年，阿里巴巴在全球率先推出企业级网上信用管理产品"诚信通"。不久，哈佛商学院将阿里巴巴经营管理和转型期的管理实践选为MBA案例，在美国学术界掀起研究热潮。阿里巴巴连续5年被美国权威财经杂志《福布斯》选为全球最佳B2B站点之一，多次被相关机构评为全球最受欢迎的B2B网站、中国商务类优秀网站、中国百家优秀网站、中国最佳贸易网。

2003年，阿里巴巴的股东孙正义召集了所有他投资的公司的经营者们开会，每个人有5分钟时间陈述自己公司的现状，马云是最后一个陈述者。他陈述结束后，孙正义做出了这样评价："马云，你是唯一一个3年前对我说什么，现在还是对我说什么的人。"

孙正义所指的，也就是马云1999年构思阿里巴巴的时候所确立的目标。当时，马云判断中国加入WTO是迟早的事，这也意味着中国企业到国外开展业务指日可待。所以，阿里巴巴创立的第一个构思就是，通过互联网帮助中国企业出口，帮助国外企业进入中国。到底要帮助哪些国内企业走出国门呢？马云当时也是经过认真考虑的，他认为推动中国经济高速发展的是中小企业和民营经济，所以，阿里巴巴应该帮助那些真正需要帮助的企业。这是马云最早的构思。

马云曾经说，第一次创业的时候，你想做什么，到底要做什么？不要受外界影响，你自己就要确定你今天就是要做的这个事情。

显然，马云的这个构思在经过了几年的互联网风潮的沉浮之后，不仅没有动摇，反而更加坚定了。或者可以说，这个构思成为马云决定要"专心"做的唯一一件事，这也是阿里巴巴能走到今天，并愈走愈坚定的关键所在。

逆境或顺境都不能动摇目标

马云曾做过这样一个比喻：10只兔子摆在那里，你到底抓哪一只？有些人一会儿抓这只兔子，一会儿抓那只兔子，最后可能一只也抓不住。CEO的主要任务不是寻找机会而是对机会说NO。机会太多，我只能抓一只兔子，抓多了，什么都会丢掉。道理是很简单的，左右摇摆的人最后什么也得不到。

从踏上创业的道路开始，不管潮流怎么变化，不管出现多少概念、多少机会，马云始终朝着自己设定的路径坚定前行，对于外界的诱惑、打击充耳不闻，坚持走自己的路。

马云从进入电子商务开始，至今没有动摇过。从1995年到现在，二十来年的坚守，坚守出了一个世界最大的B2B电子商务网站。

在领导阿里巴巴成长的道路上，马云曾经遇到过两道坎。一次是逆境；一次是顺境。

逆境是在2001年，整个互联网都在苦苦挣扎的时候，马云对于电子商务痴心不改，对给他投资的孙正义说出了"孙先生，我还是这个梦想"。

当时的阿里巴巴命悬一线，没有后续资金，没有盈利模式，到处都是质疑和谩骂，但是马云不管风云如何变幻，我自岿然不动，坚守自己的B2B，坚守自己的电子商务，一直坚持到了阿里巴巴长大那一天。

在逆境中坚持自己的道路需要有很大的毅力，在顺境中坚持更需要有极大的毅力。

2002年年底，互联网终于从"严冬"中走了出来，阿里巴巴也长得更加壮实了，已经拥有超过400万家的网商用户。阿里巴巴的快速发展，带来了新的诱惑。

当时互联网最热门的是短信业务和游戏业务。前者以新浪和搜狐等中国门户网站为代表，在短信市场上取得了巨大的利益。后者以盛大的陈天桥和网易的丁磊为代表，更是日进斗金。

马云抵挡住了诱惑。他坚持最初的选择——不改初衷，"一条道走到黑"。

其实，在互联网圈内，公认的中国电子商务的开创者，并不是马云，而是写下著名网帖《大连金州不相信眼泪》、有着深深文人气息的王峻涛；阿里巴巴也不是中国真正意义上的第一家电子商务公司，第一家真正意义上的电子商务公司，是王峻涛的8848。但是最终8848烟飞云散，这位外号"老榕"的电子商务领跑者，也比马云更早离开了电子商务领域。

原因只有一个，王峻涛被全线出击给压垮了。当时的8848对信息流、物流、资金流多方位全线出击，结果8848被自己累死了。

而马云则保持着清醒的头脑，他始终认为电子商务的特质就是信息流的整合："中国没有沃尔玛，没有完善的配送体系，在中国三线作战只能够增加成本。"

2005年12月6日，在中央电视台经济频道举办的2005中国经济年度人物评选创新论坛上，马云应邀在北京大学中国经济研究中心演讲。在这次演讲中，马云再次重申了阿里巴巴对专心致志地做好一件事的坚决态度："2005年以后阿里巴巴什么样子我不知道，但是在未来的三年到五年，我们仍然会围绕电子商务发展我们的公司，我觉得我们绝对不能离开这个中心。十年的创业告诉我，我们永远不能追求时尚，不能因为什么东西起来了就跟着起来。"

2005年8月，阿里巴巴完成了对雅虎中国的并购，这一事件所引起的争议甚至盖过了当时在纳斯达克成功上市的百度公司的风头。当时，网络上众说纷纭，有人说，阿里巴巴收购雅虎中国是因为看到百度的股票上涨了，也想在搜索上分一杯羹。而马云在北京大学演讲时所讲的一段话，可以看成是对这一说法的回应：

"我觉得我们不要起个大早赶个晚集，我不会因为Google和百度的股票上涨，就也想做什么，就像四五年前我不相信短信会改变互联网，也不相信游戏会改变生活，我不希望我的儿子玩游戏，我也不想别人的儿子玩游戏。我坚信电子商务会影响中国经济，中国正因为缺乏诚信体系，缺乏网络基础的建设，所以它会有一个蛙跳式的发展。"

锋芒毕露不如相忘于江湖。不管别人怎么看、怎么说，马云坚持埋头专注于自己的B2B模式，"任凭风大浪急，我自闲庭信步"。

马云成功了。在电子商务领域，阿里巴巴一骑绝尘，无人能及。当今的全球网站的综合排名中，阿里巴巴已经超过eBay。

回首往事，马云也认为："那个时候，我觉得电子商务还要五年才能够赚钱，如果想要赚钱，还是可以进入短信的。"

但是他也庆幸自己当初做出了正确的决定："我认为互联网就那么两大块业务能够赚大钱，一是电子商务，一是娱乐。我不认为有人会一辈子都只顾娱乐，也不相信Online game（在线游戏）能够改变世界，我还是看好电子商务的前景。"

让你的梦想照进目标

投资过阿里巴巴的软银董事长孙正义曾说，他的成功是缘于"一个梦想和毫无根据的自信"。他说："30年前，我创建软银公司时，与许多青年创业者一样，除了拥有激情和梦想外，没钱、没经验、没有人脉。我就是想成为日本，甚至是全球知名的成功人士，想做一件改变世界的事情。为了实现这个奋斗目标，我常常思考要做什么，一共想出了50个创业方案，然后逐个删减，砍到25个，再进行一轮精挑细选。直到一次偶然的机会，我在杂志上看到了微型电脑的图片，认定它将改变人们的生活方式，将改写人类历史。所以，我决定将一生的赌注压在微型电脑上。"

马云也曾说过他成功创业的原因，其中第一个就是"梦想"。因为梦想，因为坚持，最终他取得了成功。

创业者首先要有一个梦想，这点很重要。

1995年，马云第一次在西雅图上互联网，登陆一个搜索网站，他输入"Chinese"的关键词，但是当时的搜索答案是"No data"（没有数据），因为当时的中国还没有接入Internet，所以在现在看来浩瀚无比的互联网世界里偌大的中国也只是空白。

尽管马云并不懂网络，但嗅觉灵敏的他有一种发自内心的直觉，他觉得互联网这东西将来肯定有戏，互联网将改变世界！马云意识到这是一口很深的井，这里有一座富矿。

不安分的马云随即萌生了一个想法：要做一个网站，把国内的企业资料收集起来放到网上向全世界发布。这个梦想促使马云开始下海创业，创办了"中国黄页"。

1997年，马云离开"中国黄页"后，受中华人民共和国对外贸易经济合作部（以下简称外经贸部）邀请，加盟外经贸部新成立的公司——中国国际电子商务中心（EDI）。中心由马云组建、管理，马云占30%的股份，参与开发了外经贸部的官方站点以及后来的网上中国商品交易市场。在这个过程中，马云的B2B思路渐渐成熟，即"用电子商务为中小企业服务"。

1999年，不甘心受制于人的马云推辞了新浪和雅虎的邀请决心南归杭州创业，其团队成员全部放弃其他机会决心跟随。

1999年1月15日，马云和他的团队悄然南归。1999年2月，在杭州湖畔花园马云的家中召开第一次全体会议。18位创业成员或坐或站，神情肃穆地围绕着慷慨激昂的马云，马云快速而疯狂地发表激情洋溢的演讲："黑暗中一起摸索，一起喊，我喊叫着往前冲的时候，你们都不会慌了。你们拿着大刀，一直往前冲，十几个人往前冲，有什么好慌的？"在这次"起事"的会议上，马云和伙伴共筹了50万元本钱。

在这次会议上马云说："我们要办的是一家电子商务公司，我们的目标有三个：第一，我们要建立一家生存80年的公司；第二，我们要建立一家为中国中小企业服务的电子商务公司；第三，我们要建立世界上最大的电子商务公司，要进入全球网站排名前十位。"从这天开始，马云开始铁下心来做电子商务，这就是他认定的梦想。

尽管只有50万元创业资金，但马云首先花了3000美元从一个加拿大人手里购买了阿里巴巴的域名。他们没有租写字楼，就在马云家里办公，最多的时候一个房间里坐了35个人。他们每天16~18个小时野兽一般在马云家里疯狂工作，日夜不停地设计网页，讨论网页和构思，困了就席地而卧。马云不断地鼓动员工，"发令枪一响，你不可能有时间去看对手是怎么跑的，你只有一路狂奔"；又告诫员工"最大的失败是放弃，最大的敌人是自己，最大的对手是时间"，阿里巴巴就这样孕育、诞生在马云家中。

1999年3月，阿里巴巴正式推出，逐渐为媒体、风险投资者关注。马云在拒绝了38家不符合自己要求的投资商之后，于

1999年10月接受了以高盛基金为主的500万美元投资，又于2000年第一季度接受了软银的2000万美元的投入，从而由横空出世、锋芒初露，到气贯长虹、势不可当，直至成为全球最大网上贸易市场、全球电子商务第一品牌，并逐步发展壮大为阿里巴巴集团，成就了阿里巴巴帝国。

与那些有着光鲜背景的互联网神话制造者不一样，马云太普通了，他不懂电脑，不懂网络，对软件、硬件一窍不通；他没有钱，没有家庭背景，没有社会关系，没有名牌大学的出身，没有海外留学的经历，没有MBA学位。但他有梦想，有对目标的坚持，他用自己的梦想吸引和团结了一帮有梦想的人，他们的梦想和实干又带来了资本的青睐，并在资本的支持下逐步把梦想变成了现实。

一个企业的持续发展需要一个远大的梦想。即使在阿里巴巴最困难的时候，马云依然坚持自己的梦想不动摇，勇往直前。

2001年的网络泡沫破灭之后，是无情的现实，但是马云仍然觉得契合中国国情的电子商务事业是主导未来的新网络经济体系。这种经营理念使马云具有精神动力面对严峻的商业环境，也正是这种简约模式使阿里巴巴度过了特殊时期。从2001年起，互联网遭受了人们的质疑和排斥，一改往昔那种狂热的追捧，主要原因是很多互联网公司的不规范运作。随之而来的是互联网公司的股票大跌，加上美国"9·11事件"的影响，整个市值蒸发了60％以上。

2002年年底，互联网世界开始回暖。新浪、搜狐等相继实现盈利，而一些颇有市场前景的互联网项目也初露端倪，阿里巴巴的用户已经超过400万，马云又在面临新的诱惑。当时几乎所有人都认为，阿里巴巴拥有那么多有价值的注册客户，具备了开拓任何领域的最佳条件。

马云回忆说，当时摆在自己面前的有三条路：第一条是发展短信业务，以搜狐、网易为代表的门户网站都在这个聚宝盆里淘到了"黄金"，阿里巴巴完全有抢夺"蛋糕"的实力；第二条是进入网络游戏领域，当时中国还没有一家大型网络游戏公司，陈天桥的盛大才刚刚起步，如果阿里巴巴进入网络游戏，应当会大有作为；第三条是继续在尚未成熟的电子商务的"老路"上走下去。

马云是一个"一条路走到黑"的人，他义无反顾地选择了自己原来的路线，拒绝了摆在自己面前的种种诱惑。他给阿里巴巴制定了一个"宏伟"目标：全年只赚一块钱！

2002年12月，阿里巴巴赚到了第一个一元钱；到2003年年底，阿里巴巴的赢利便冲破了600万元。今天，阿里巴巴没有成为另一家网易，但在电子商务领域，阿里巴巴几乎无人能敌。

马云不是网络的幸存者，他是一位坚守者。我们可以用"骑士"来形容马云，因为在最困难的日子里，他是那位冲向风车的"堂吉诃德"。而当一切好转的时候，马云便成了新的英雄。

对于目标，傻坚持强于不坚持

安德鲁·格鲁夫说：唯有"偏执狂"才能生存。对马云而言，也大致如此。马云曾对媒体说："很多人比我们聪明，很多人比我们努力，为什么我们成功了，我们拥有了财富，而别人没有？一个重要的原因是我们坚持下来了。"

在创办阿里巴巴之前，马云曾先后创办过两个公司——海博翻译社和"中国黄页"。在当时，遇到很多困难，资金的匮乏、客户的不信任，但这一切都没有打倒身体瘦弱的马云，他秉持自己理想的信念，以一股"傻"劲硬是坚持下来，最终都取得了不错的成绩。

1992年，马云的身份是杭州电子工业学院（现杭州电子科技大学）英文及国际贸易的讲师。而此时，浙江一些做外贸生意的民营企业经常邀请马云做他们的专职翻译。请马云的人很多，有时他一天能接到很多"订单"。渐渐地，马云感觉自己一个人根本做不过来，而同时他又发现一个现象：自己身边的同事，尤其是一些退休的老教师，在家里闲着没事可干。于是，细心的马云开始思考一个事情：能不能在杭州市成立一个专业的翻译机构呢？如此一来，既能减轻自己的负担，也能让那些老师赚点外快补贴家用。

这种想法闪现在马云的脑海之后，他开始感到兴奋，犹如哥伦布发现了新大陆一般。

1992年，马云和朋友一起在杭州注册成立了一家专业的翻译机构——海博翻译社，这是杭州第一家专业的翻译社。海博翻译社，在马云的创业历程中，不是最光辉、最灿烂的一页，却是马云试水商海迈出的第一步。

海博翻译社的主要员工，除了马云和他的创业伙伴之外，主要由一些退休的英语老师兼职来做。仍然是全职教师的马云平时要在学校给学生们上课，只有在课余时间他才有空打理这个翻译社。于是，在课余时间，马云四处活动，尽可能接更多的翻译业务。

然而，这个新成立的翻译机构并没有迅速为市场所接受。虽然很多场合都需要翻译，精通英语的人也确实有限，但这毕竟是杭州第一家翻译机构，精明的商人是不愿为不了解的公司埋单的。因此，成立之初的海博翻译社经营举步维艰。成立后的第一个月，海博的全部收入为700元，而当时仅一个月的房租就是2400元。

为了维持海博社的正常营运，马云只好当起了"倒爷"，他倒卖小工艺品、小礼品，甚至是袜子、内衣，只要有利润，马云就卖。

马云的"倒爷"生涯持续了整整三年，靠卖小商品赚来的钱，足足养了海博翻译社三年，才让这个原本早已是奄奄一息的翻译社奇迹般地起死回生。到1994年时，海博翻译社基本实现收支平衡；1995年，开始逐步实现赢利。

如今的海博翻译社，正如马云当年所愿，已经成为杭州最大的专业翻译机构。时隔十几年以后，海博翻译社现任社长张红女士，在回顾当初的风风雨雨时，依然十分动情："当开始大家都还没想到这个行业的时候，当大家都还没有看到这个商机的时候，马云首先想到了，他的想法都是具有前瞻性的。那时我们杭州没有翻译社，我们是第一家独立存在的这样一个公司，大家都不看好，而且一开始也不赚钱，但马云坚持下来，没有放弃。所以，我很佩服马云，他说的话会让你振奋，没有希望的东西在他看来也充满生机，他能带给他身边的人生活的激情。"

2008年7月30日，马云在香港出席"菁英论坛"时表示，他自己对计算机一窍不通，平日只会收发邮件或浏览网页，成功之道全因坚持自己"很傻很天真"的想法。中国第一家互联网商业信息发布网站"中国黄页"的创业，可以说就是源于马云"很傻很天真"的想法。

　　1995年年初，马云受托，作为翻译来到洛杉矶沟通落实一起高速公路投资，未果。马云从洛杉矶飞到西雅图找他在杭州电子工业学院认识的外教比尔。信仰互联网的比尔领马云去西雅图第一个ISP（Internet Service Provider互联网服务提供商）公司VBN参观。

　　两间很小的办公室，猫着5个对着屏幕不停敲键盘的年轻人。马云不敢碰电脑，公司的人帮马云打开浏览器，然后打开一个搜索网站，对马云说："要查什么，你就在上面敲什么。"马云在上面敲了个beer，搜索出了德国啤酒、美国啤酒和日本啤酒，就是没有中国啤酒。马云敲Chinese，返回是No data。马云被告知，要想被检索到，必须要做个主页。

　　马云请对方给他的海博翻译社做个主页。晚上，马云回来收到5封回信。来自日本、美国、德国的客户来问翻译价格，最后一封来自海外的华侨，是个留学生，他对马云说："海博翻译社是互联网上第一家中国公司。"马云感到了互联网的神奇，他和VBN公司约定：对方在美国负责技术，自己到中国找客户，一起来做中国企业上网。

　　1995年5月9日，"中国黄页"上线，马云的生意经是，先向客户描述互联网如何好，然后向他们要资料，再将资料寄到美国，VBN将主页做好，打印出来，再快递寄回杭州。马云将网页的打印稿拿给客户看，并告诉客户在互联网上能看到。

"中国黄页"当时的收费标准是，一个主页3000字外加一张照片，收费2万元，其中1.2万元给美国公司。

在当时的情况下，向企业老板们推销一种看不见摸不着的所谓"网站"，那些企业老板们都认为马云是个大骗子，一见马云上门来推销，就像碰见瘟疫，唯恐躲之不及。

马云决定先从身边的朋友做起。他在杭州电子工业学院任教时，为了贴补家用，还在一些夜大做兼职，教国际贸易，夜大里有一些学生是中小民营企业的老板，马云借此机会认识了不少做企业的朋友。于是，他开始做起电话推销员来，每天都给那些做企业的朋友打电话，一遍一遍地打，不厌其烦地向他们讲解互联网的好处，结果弄到后来，那些朋友一听到是马云的电话，就叫苦不迭，胆战心惊。

有一次，马云为了拿下一家企业，一连去拜见了那个老板5次。这个老板根本不相信马云说的东西，把马云当骗子。但马云不放弃，一遍一遍地跟他讲解互联网的神奇作用，后来为了让老板相信，他叫美国的VBN公司给这个公司做了一个网站，叫老板亲眼看看他的公司网站在互联网上出现的样子。老板最后在马云的诚心感召下，终于把这个单给签了。

随后，马云又敲开了钱江律师事务所、杭州第二电视机厂等单位的大门。每一笔单，都做得非常非常艰辛。但是，有付出就有回报，"中国黄页"在马云的努力下，终于开始起飞了。

也正是在那个做推销员的年月里锻炼出来的勇气、执着、能力、意志，才有了今天的马云。也正是秉持着"傻坚持要比不坚持好很多"的理念，把那些"很傻很天真"的想法坚持下来，才有了今天阿里巴巴的举世瞩目的辉煌成就。

坚强的毅力是人最可贵的财富，在走向成功的路上，没有任何东西能代替它。在对手比你强的时候，坚持到底不一定能取得胜利，但是你不坚持就注定会失败。请牢记：在竞争激烈的环境中，如果双方实力相当，机会往往青睐坚持到最后的人。

第二章

永远保持创业般的激情

短暂的激情是最不值钱的

创业不是一件容易的事，更不是单凭一时的激情就能干成的事。很多年轻人在从学校毕业之后，就想在社会这个大舞台上迅速实现自己、成就自我的价值，好像不当老板就埋没了自己。其实刚刚走出校园的年轻人不妨认真找一份工作，踏踏实实地干几年，如果几年之后，还抱有强烈的创业的心态，再去创业也不迟。

《赢在中国》是中央电视台的一档全国性商战真人秀节目，大型励志创业电视活动。由于获胜者可以获得企业提供的一大笔风险投资，所以吸引着不少有志创业的人前来参加。这档节目有许多企业家评委，马云正是其中颇有分量的评委之一。

在第一赛季晋级篇第五场中，来自美国的工商管理硕士、电子工程硕士陈跃武直接被马云Pass掉了，出现这样的结果很令人吃惊，因为陈跃武也是带着周详的计划、创业的激情来到这个赛场的。

马云是这样陈述自己这样做的理由的："第三位选手陈跃武，我很想坦率地跟你讲，你最好别创业。听起来挺难受，但是刚才吴鹰也讲了，创业很累，创业的失败率很大。从你的性格上看，我觉得你比较适合做一个工程师，或者是比较适合参与一个已经创业成功的团队，在里面承担一定的工作，因为你的条理、你的理性，以及你的温文尔雅，创业者都是疯疯癫癫的多一点。如果你真的要创业，我建议你MBA毕业以后最好先找一份工作，到中国来干5年，5年以后还想创业，你再创业。5年一般会消灭掉很多创业的想法。你这个项目什么时候需要熊总、吴总和我们投资，或者你已经找的1000个客户每人付你300美金的时候，我们再好好谈一谈好不好？"

被人当面否定是很尴尬的，但马云这样说是有根有据的。在参赛的36强及108强的选手中，陈跃武几乎可以说是项目准备最不充分的一个。他的团队在当年5月才成立，6月初才开始找项目，6月10日前后面试通过入108强，6月18日到北京参赛。36强的其他选手都有很强的项目，很多人有运营数年的公司，有百万、千万的营收。虽然陈跃武拥有满腔热情，想在网上为高端的中国和美国的商业领导建立一个交流的平台，但这么短时间成立的团队，能否经受住创业艰辛风雨的洗礼呢？

马云一直认为，短暂的激情是不值钱的，只有持久的激情才是值钱的，而激情不能受到伤害。1988年，马云在从杭州师范学院外语系毕业后，被分到杭州电子工业学院当英语老师，同时兼任学院外办主任，这段做老师的经历也教会了马云很多事情。马云后来回忆说："在学校教书的5年，给我带来的好处就是知道了什么是浮躁，什么是不浮躁，知道了怎么做好点点滴滴，创业一定不能浮躁。"

马云的阿里巴巴的创立是从十几个有激情、有理想的年轻人开始的，他们怀抱着一个创建一家伟大的公司的梦想聚集到了一起。年轻的团队容易产生激情，但是更容易因为挫折而失去激情，尤其是一件从未有人做过的事，面临的难度将会更大，将会有很多从未想到过的、出乎意料的困难，而显然，如果没有持久的激情，在这些困难面前，退却是很容易的事。

永远做激情四射的"创业者"

激情源于人们对事物的强烈兴趣与热衷，成功不仅要有激情，还需要将这种激情坚持下来。

创立30年的软银投资过约800家互联网中小企业，在过去十年中的投资回报达九倍之多，是网络业中全球投资回报最高的企业。孙正义在回答一位中小企业代表提问时说，他投资的互联网企业中有100家破产了，但绝大多数生存了下来，相当一部分如阿里巴巴、雅虎等更取得了超级成功。在他看来，失败的企业与成功的企业相比，除了一部分运气以外，主要的区别在于管理层是否有创业激情。那些成功的企业凭借创业激情，总是能够吸引人才，找到解决困难的方案，渡过难关。

2007年7月29日，马云在跟"五年陈"（阿里巴巴的员工在工作满5年之后会被称为"五年陈"，并获得一枚公司定制的戒指）员工交流时给他们讲过一个孙正义公司的故事：

当年软银在日本刚刚成立的时候，孙正义就希望给员工的工资低一点，于是就把公司的股票一部分分给员工。有一些年轻的女员工得到了一点股票，但是她们很不高兴，因为股票不多，在当时也不能变现，她们就不想要股票，想多要一点工资。

之后不到两年，软银就上市了，这些女员工的一点股票居然一下子价值达到一百多万美元，最后涨到将近两百万美元。拿股票更多的全部成了几百万美元的股东，还有人甚至成了几千万美元的富翁。这些女孩们十分高兴，心想有这么多钱了还工作干什么，于是她们嫁人的嫁人，不干活的不干活，开始买房子、买车，没有一个人真正感谢公司，没有一个人感谢团队。由此也给软银内部带来很大的冲击，有很多员工辞职成立了自己的公司，还过来挖原来公司的墙脚。但是，这些出去的人，据统计没有一个人是成功的，来得快，去得也就快。通过这个故事，马云告诫这些老员工不要有"暴发户"的心态，否则很难活好。

接着，在当年12月11日给"五年陈"销售的讲话中，马云继续提到了这个话题。在此之前的11月6日，阿里巴巴在香港上市，成为中国互联网首个市值超过200亿美元的公司。而在阿里巴巴内部，近70%的员工都成了"富豪"，共同分享了其中将近184亿港元。

马云说公司到现在这个状态，是每个人的功劳，但是功劳都是过去的。如果按照一个民营企业，按照一个土老板的想法，他和员工中绝大多数人都不用干了，别干了，累死了，换个工作，搞得轻松一点，这一辈子就行了。但是这样很有可能像20世纪八十年代的万元户，特有钱，当时女孩子看到万元户都愿意嫁给他，家里养鱼养猪的，大户人家。结果大家都知道。

马云不希望阿里巴巴的老员工、老干部就像当年的万元户，熬了五年八年，一会儿就没了。他说这些钱现在来看不少，未来看不算什么，因为公司还在布局之中，做企业需要保持持久的激情。

在阿里巴巴创业初期，马云就提出三点：第一是将来要做持续发展80年的公司，第二是要成为全球十大网站之一，第三就是只要是商人，一定要用阿里巴巴。

在阿里巴巴五周年庆的时候，马云又提出了一个新的目标：阿里巴巴要做102年的公司，诞生于20世纪最后一年的阿里巴巴，如果做满102年，那么它将横跨三个世纪，阿里巴巴必将是中国最伟大的公司之一。

而在阿里巴巴十周年庆典上，包括马云在内的阿里巴巴集团18位创始人辞去"创始人"的身份，以后将变成集团合伙人。马云希望通过这样的举措让阿里巴巴一切从零开始。此外，马云还畅谈了阿里巴巴下一个十年的具体目标：第一，成为全球一千万家中小企业生存发展的平台；第二，为全球一亿人提供就业机会；第三，为全球十亿人提供物美价廉的消费平台。

与其说马云是一个企业家，不如说他是一个"造梦人"。他是一个激情四射的创业者，是一个伟大理想的布道者，是一个辉煌梦想的鼓吹者。马云用活生生的事实证明了一个道理：只要我们拥有梦想、持久激情和不断努力，就有可能到达成功的彼岸。

带着激情做好每一件平凡小事

激情是成就事业的动力和源泉，是攻艰克难的强大力量。是使人果断、执着、豪放、无所畏惧、勇往直前的精神支柱。激情来自于饱满的热情和积极的工作态度，来自于强烈的社会责任感和事业心。作为曾任阿里巴巴董事局主席的马云，他总是激情四射，总是鼓励员工把激情投入工作，带着激情和热情做好每一件平凡小事，并在充满激情的工作中享受着喜悦和快感，享受着荣誉和成就，享受着踏实和欣慰，享受着无愧人生的潇洒和自在。

只有充满激情才能保持活力，而活力是一个非常年轻的概念，拥有旺盛的生命力。活力是由三个维度的能量组成，即体力、情绪能量、认知灵敏性。就体力而言，有活力的人表现出身体健康，精力充沛，饮食、睡眠良好等。就情绪能量而言，有活力的人通常表现为情绪稳定，积极乐观，能站在别人的角度思考问题，关心、同情他人等。就认知灵活性而言，有活力的人表现出思维敏捷，工作效率高，自信，动机强烈等。

马云奉行激情人生，崇尚激情创业、激情创新、激情冒险。马云是一个激情四射的创业者，是一个有理想的布道者，是一个创造辉煌梦想的鼓吹者。马云善于用激情感染团队、感染事业。在外人看来，阿里巴巴的几百名员工就像一锅沸水，就像一个疯狂的陀螺。是马云点燃了阿里巴巴团队的激情，也造就了阿里巴巴持续成功的激情神话。永远不缺少激情的马云相信，天下没有不能打败的对手，即便竞争对手是一个领域内的传奇人物、神话人物。

马云对互联网、对电子商务的渴望有多么的强烈，从他创业之初毅然辞去大学教师的职务就可看出，而开始创业时所经历的一系列宣传及推广工作，让人深深感受到马云身上洋溢着的创业激情。

由于创业之初互联网不为人知，马云他们不得不承担起宣传和普及互联网的重任。没钱做广告，他们就一家一家地演示游说。为了宣传互联网，马云不放过任何机会，也不管时间和地点，有人甚至在杭州的大排档里见到马云手舞足蹈地向身边的市民大侃互联网。马云像着魔一般宣讲互联网，逢人就讲，无处不讲。同时一家家公司、一家家企业扫过去，向他们推销互联网，推销中国黄页。马云那时的角色，就是狂热的义务宣传员和疯狂的推销员，甚至被人斥为"疯子"。

正是因为马云一连数日不知疲倦地奔波，他终于拿到了第一单生意。这一单的支票是一家民营衬衫厂付的，虽然只有万元，但毕竟是中国黄页业务的第一次真正意义的突破。它第一次对马云臆想出来的这个史无前例的商业模式表示了认可，虽然还是带着半信半疑。

而为了拿下一家杭州企业的生意，马云一连跑了五趟，但企业老总老是怀疑电子商务是骗人的东西。为了说服这位老总，马云为他收集了大量有关电子商务的资料，一遍又一遍向他讲解电子商务是一种新型商业模式，在网上做广告比在其他媒体上做有更广泛的效应。任凭马云费尽口舌，老总还是将信将疑。面对这块难啃的骨头，马云没有放弃，走时他向老总要了一份企业的宣传材料，几天以后马云带着一台笔记本电脑又杀了回来，当企业老总看到了电脑上显示的自己企业的网页时，终于同意付款。

尽管以后拿到的每一单都十分艰难，但马云依然激情不减。

当阿里巴巴初创时期，马云为了让全体人员全力以赴的投入工作，便要求大家住在离办公室步行5分钟就能到的地方，大家租的都是附近最便宜的民房。

马云早就有话在先："我许诺的是没有工资，没有房子，只有地铺，只有一天12个小时的苦活。"湖畔时代的作息时间是早9点到晚9点，每天12个小时，这是正常作息时间。每天都会有一个人早来一些，早走一些。加班时，每天要干16个小时甚至更多，而加班又很经常。每遇新版发布，加班是不可避免的。

在湖畔创业的时期，大家都处在忘我的工作之中。写程序的工程师们非常辛苦，每一个程序都要经过三番五次的反复编写才能完成，而做客服的编辑们也轻松不到哪里去。试想每个客服都有一个个人邮箱、都有一个化名，所有给客户的邮件都是通过个人邮箱一封一封发出的。阿里巴巴在创业伊始就坚持了与客户一对一在线沟通的方针，而且是用人去沟通并不是用机器。说到这种沟通的辛苦，阿里巴巴副总裁的彭蕾曾回忆说："那时的客服都是即时的。大家做客服做到了痴迷的程度，工作到半夜一两点，客户的信没有处理完就不回去。有时客户半夜两点收到邮件，很吃惊，问我们是不是时间有问题？我们说没有啊，我们都在线啊，客户非常感动。"由此可以看出阿里巴巴一开始就坚持客户第一，就强调服务第一。那时，全靠人性化的服务争取客户，而很多新客户都是朋友推荐来的。

湖畔时代工作艰苦，生活也艰苦。每人每月500元工资，其实还是自己给自己发工资，因为发工资的钱是大家凑的，其艰苦程度可想而知。

阿里巴巴副总裁、"十八罗汉"之一的金建杭说："条件艰苦一点没什么不好，会让机会主义者走开。"若要用一个词来描述阿里巴巴创业者的工作状态，那就是"疯狂"。那时，没人计较投入产出，没人计较个人时间，甚至没人感到苦，反而觉得那段日子很开心很幸福。

那会儿的阿里巴巴不像个公司，更像个家庭；马云不像老板，更像老师；大家不像员工，更像学生，更像兄弟姐妹。

从马云创业的历程中，我们可以看出：只有领导者始终充满激情保持活力，才是企业永远立于不败之地的可靠保证。

从马云的身上，我们可以得到调动激情充满活力的启示：

一、对自己要充满信心。一个意志坚强的人，能承担来自逆境的压力。要突破自我、打破心魔，迈出第一步，增强自己的自信心，加强自身修养，利用各种时间、机会充实自己，防止时间和知识的断层（出门前面对镜子说三次我是最棒的）。

二、要始终保持一种乐观情绪。保持一种开拓进取的积极、乐观、向上的精神状态和心态，这样对事物的认知会更客观。身处逆境的人很容易认为人间没有乐趣，或生命没有价值，这样无形之中就给自己添加了强大的精神压力。相反，我们如果能看淡这些逆境中的困难，始终保持乐观情绪，认为人虽然被注定了要靠劳力、靠工作来维持自己的生活，虽然被注定了有七情六欲来品尝人间各种各样的悲欢离合，但同时我们却有机会欣赏这有鸟语花香的世界，我们还有智慧可以体味人间苦乐的真谛，我们也还有心情来领略人间的爱心、善良和同情。

三、要学会给自己解压。逆境中遇到的困难可能使你举步维艰，在这个时候你没有必要封闭自己，应该利用一切可能的时间和机会来与朋友进行沟通和交流，把自己的一些苦闷和忧愁向自己的朋友和亲人倾诉，希望能得到他们的理解和支持。另外，你也可以一个人找个清净的地方静一静，以消散自己心中的烦恼。

四、真诚与人相处。要学会真诚待人，当然真诚并不等于无所保留，和盘托出。相处的最高境界是永远把别人当作好人，但却永远记得不可能每个人都是好人。

五、学会在困境中鼓励自己。当环境中的人或事令我们受到伤害或打击的时候，我们应该抛开那些无益的气恼，而在自己内心这片快乐的园地找到希望、安慰和鼓励，每个人都可以在自己心里种下一颗快乐的种子，这些快乐的种子可能是一些爱好、一点信心、一个理想。这样无论我们受到的打击有多么严重，只要我们能保持自己内心这点平静，就不会真的受到环境的伤害。

六、对自己的工作要有信心。既然这份工作是自己选的，就要相信自己的眼光，决不轻言放弃。要坚信暂时的不顺利只是小插曲，经过峰回路转，前面一定是一片光明，只是革命尚未成功，同志仍须努力。

七、要记得适时放松自己。要学会在想象中给自己放松，你可以静下来去发挥自己的想象，通过想象让自己的思维"游逛"，如想象"蓝天白云下，我坐在平坦的绿草地上""我舒适地泡在浴缸里，听着优美的轻音乐"。

八、激情从现在做起。激情从面部表情做起，每天、每时、每刻都从保持笑脸开始。微笑代表你有激情活力，微笑说明你在开心地工作，见到你的每一个人都会感觉到你是阳光的、有活力的。

越困难越要有激情

对于创业过程中遇到的困难，前联想集团董事长柳传志这样说道："创业之路就像一列前进的火车，不断有人上车下车，都很正常，但总有人想要去到更远的地方。也许你创业能做到一定程度，那退出肯定也比没做强。你要做得很大，就要做好更艰苦的准备，用我们自己常说的一句话就是'困难无其数，从来不动摇'。"

他还说："真正要做一番大事业，觉得这样的人生才有意义的人，就要有坚定的目标和坚韧不拔的毅力，克服道路上的千辛万苦。事实上，整个社会也正是靠这样一些人在带动前进的。比如说邓小平，如果当年受了批判后，他隐退不言语了，就没有今天的改革开放，就没有今天中国大的局势的变化。他就是这种大英雄，这种大英雄造福于无数人，造福于一个历史阶段。"

准备好要失败只是在面对困境时的第一步，还要明确的是，这些困境有时候注定要一个人承担，谁都帮不了你。就像马云所言，创业者要懂得左手温暖右手，要懂得把痛苦当作快乐去欣赏、去体味，你才会有成功。

唯有自助才有出路。

"创业的时候，我的同事可能流过泪，我的朋友可能流过泪，但我没有，因为流泪没有用。"流泪没有用，抱怨也没有用，马云就是这样一个人，在遇到困难时他从来都不会抱怨。他说："困难的时候，你要学会用左手温暖你的右手。你在开心的时候，把开心带给别人；在你不开心的时候，别人才会把开心带给你。开心快乐是一种投资，你开心就要和别人分享，然后有一天别人会回报于你。"

"如果你在创业第一天就说，我是来享受痛苦的，那么你就会变得很开心。我1992年做销售的时候，我说创业中乐观主义很重要，销售10次，10次为零，出去以后，果然是零，说得真对，要奖励一下自己。"

马云正是抱着这种乐观的心态克服了一个又一个的困难。在他看来，创业者要学会自己保护自己，困难时"要学会用左手温暖右手"。

在海博翻译社创办之初，马云只是一个刚刚涉入商海的新手，公司因为各方面的原因运营并不理想，最后入不敷出。那时，很多人是迷茫的。但是马云毅然地背起麻袋到义乌贩卖小商品，用最简单也最无奈的方式解决公司的困难。最后，他成功挽救了海博社。马云一向不是一个喜欢喋喋不休向谁诉说苦难的人，无助肯定会有，但唯有自助才可能有出路。

当谈笑着离开公司，走向去义乌的路上时，一个人承受。

在竭力推广互联网，被一次次拒之门外时，一个人面对。

在被称为骗子、疯子，全世界都否定、批判时，一个人承担。

即便是现在，马云都很少向员工和身边的高管诉说自己的压力。在聚光灯下的马云，在员工面前的马云总是像一个顽童一样，他的言行举止表现出一种常人很难有的洒脱，马云是一个乐观主义者，像诗人一样地幻想着未来商业界的新文明，幻想着阿里巴巴会带给全球一个美丽新世界。马云，就这样在创业的路上一边擦拭伤口，一边微笑前行。

当然，马云看重团队，但是在自己能够解决的时候他会选择更多的担当，更何况，有时候团队也未必能够全然理解他的思考。

阿里巴巴公司的发展深受马云的影响，在面临困难时阿里巴巴首先想到的是自己解决，而不是依赖外界。马云表示，很多企业埋怨政府不支持，但阿里巴巴自从创业以来没有向政府借过一分钱，更没给社会添过一次乱。更多的时候，阿里巴巴团队会在寒冷的季节里温暖别人，帮助众多中小企业赚钱。

用自己的手温暖别人的手

2003年年初，我国广东省首先发现有传染性非典型肺炎患者。随后，广西、山西、北京等省（自治区、直辖市）也陆续发生"非典"疫情。这场突如其来的疫情灾害，严重威胁了人民群众的身体健康和生命安全，也影响了我国的经济发展、社会稳定和国际往来。

在"非典"阴影的笼罩下，各行各业都受到了不同程度的影响，展会推迟、客商止步、订单取消。传统的商业模式明显处于十分不利的境地。如义乌国际商贸城一个叫楼国良的经营户，做了11年工艺品出口生意。当年5月，他就诉苦说："平常这时，订单都在四五十万元左右，可上个月还不到20万元。"

情势危急，一些企业盼望能够找到救治良方，而以阿里巴巴为代表的电子商务公司则因势利导，"借势造市"，既造福于他人，又发展了自己。

据阿里巴巴公司介绍，在2001年～2002年的相当长的时间内，每天在阿里巴巴网站上发布的商业机会数量只有3000条左右。但从2003年3月份开始，阿里巴巴每天新增会员3500人，比上一季度增长50%，而大量的老会员也强化了在网上贸易的使用频率和程度；每日发布的新增商业机会数达到9000至12000条，比2002年增长了3倍；国际采购商对商业机会的反馈数比上一季增长1倍；国际采购商对30种热门中国商品的检索数增长4倍；中国供应商客户数比2002年同期增长2倍；每月有1.85亿人次浏览；240多万个买卖询盘（反馈）；来自全球的38万专业买家和190万会员在通过阿里巴巴寻找商机和进行各种交易。以2003年4月17日为例，当日阿里巴巴中国站发布的会员企业买、卖、代理、合作等商业机会信息6890条，国际站达2354条，两个网站加起来超过9000条。虽然正常的商务交往均被不同程度地取消，但一大批企业通过阿里巴巴与客户进行了"零接触"洽谈，在非常时期做了非常好的线上生意，如浙江慈溪市海兴轴承有限公司在"非典"时期就签订了300万元人民币的销售大单。

马云还说，要学会多去看别人的失败，这样一来会让自己发现其实自己的经历并没有那么惨。马云的说法有些自我安慰之意，但是这也可以让一个企业有勇气去面对困难。除此之外，在更高的角度上，看到别人的失败和困境还会有一种社会责任感。在"非典"期间，阿里巴巴不仅在自己取暖，而且当阿里巴巴发现很多企业因为"非典"而不能有效运营时，它开始温暖别人，让这些企业在阿里巴巴的平台上寻找到商机，把囤积的商品卖出去。

面对困难并亲自把问题解决掉的时候，虽然是流着血汗，但是也是一种成长和喜悦。"创业的快乐在于一个一个的挫折，去把一个一个的挫折灭掉，这是创业者最大的快乐。"马云说，"这个世界上最痛苦的是坚持，而最快乐的也是坚持。阿里巴巴要不坚持到现在早没了。"

马云自己承认，从开始创办阿里巴巴起，大家就在给自己加油打气，"让天下没有难做的生意""让天下没有难管的生意""让天下没有淘不到的宝贝"……阿里巴巴的乐观主义也是它存活下来的重要因素。不仅如此，阿里巴巴在困境中更多的是追求卓越，因为它在支撑下来的同时温暖着身边的人，为这个社会有所付出，这是一个有社会责任感的企业，所以它会走很远。

第三章

不找任何借口，打造一流执行力

"立刻、现在、马上"的执行者

好的决策是企业成功的前提，企业中从来不缺战略家，但是再美好的战略如果没有执行，那也只是一场空想。

执行力是一流企业和不入流企业的显著区别。一个企业的成功，三分之一靠策略，三分之二靠执行。马云曾和软银集团总裁孙正义讨论过这样一个问题："一流的点子加上三流的执行水平，与三流的点子加上一流的执行水平，哪一个更重要？"两位"时代先锋"给出了一样的答案：三流的点子加上一流的执行水平。

一流企业的执行力就像军队一样说一不二，这样有纪律的正规军打那些拖三拉四的杂牌军，想不胜利都是不可能的。所以，企业家一定要注重培养团队的执行力，将战略战术都落到实处。

"你们立刻、现在、马上去做！立刻！现在！马上！"酒店房间内，突然传出马云愤怒的叫喊声。

是什么让马云如此气愤呢？原来，马云有一次在长城看到涂鸦式留言，如"某某到此一游""某某到此留念"这样的话语，深受启发。他认为阿里巴巴应由网上论坛BBS按行业分类发展，因此，马云要求技术人员对BBS上的每一个帖子进行检测并分类，结果他们不同意。于是，就有了开头的那一幕。后来，马云回忆说，当时自己真想立刻飞回去，猛拍那些技术人员的脑袋。

马云的愤怒让技术人员不得不做出让步，也正是因为他的强硬要求，阿里巴巴的发展方向最终才确定下来，获得有效的执行。他的这种作风，也使得企业在网络泡沫时期不仅坚持下来，而且实现了赢利。

工业时代的发展是人工的，而网络时代一切都是信息化的。信息瞬息万变，难以预测，因此，马云认为成功不是计划出来的，而是"立刻、现在、马上"干出来的。

高效率的执行，是阿里巴巴成功的一大法宝。马云曾将阿里巴巴称为"一支执行队伍而非想法队伍"，他多次强调，迅速地去执行一个错误的决定要好过优柔寡断或者没有决定。因为马云知道在执行的过程中，已经有足够的时间和机会去发现并改正错误。

世界上没有优秀的理念，只有脚踏实地的结果，马云在参与《赢在中国》的节目中曾与名叫石乐华的选手有过这样一段对话。

马云：以一流企业做标准，大概是想推广一个什么样的标准，你做的东西就是卫生间里的马桶、脸盆，你想推广一个什么样的标准？

石乐华：这个标准是这个样子的，你的坐便器，或者你的洗手池，还有毛巾等等一系列的，每一个项目都需要国家建立一个标准。但是目前来讲，因为卫浴市场发展的历史也就十余年，所以现在就面临很多的空白。现在国家致力于整合这一块的政策，有一部分产品厂家在致力于去参与，现在没有形成龙头地位，这是我们要参与做的一件事情。

马云：你凭什么去整合别人，我为什么要跟着你去被别人整合，100万人民币就能整合我，凭什么，你给我讲三条理由，除了100万人民币以外，你说我要跟着你的标准去走，你能整合我？

石乐华：三个理由，第一个理由就是我们现实的基础，因为我们现在做卫浴已经做了5年，在业界已经有一定的名气，这是第一个理由。第二个理由是我个人的思路，目前有很多中小卫浴，全世界或者全中国卫浴生产企业最起码有几千家，但是真正开拓自己思路的人，或者具备这个理念的人是非常少的，到目前为止国内还没有出现这样的联盟。第三个理由就是我对自己的信心和实力。

马云：拿TOTO来说，它在你前面做，你准备怎么应对，像TOTO这样的公司或者美标这样的企业，挺不错，钱比你多，你有5年历史，那哥们儿说有100年历史，做得比你更好，你怎么办？

石乐华：这是市场定位的问题，就算TOTO来整合都没有关系，就像我们理解奔驰跟广州本田没有市场冲突一样。

马云：谈一下我的看法，我感觉你的条理很清晰，心态很好，你的激情跟别人不一样。很多人把创业者看成激情澎湃的人，你对自己的信念非常坚持，坚持自己的并购、整合是有意义的。尽管也许评委也好，其他人也好，说你不靠谱，你凭什么整合，虽然你自己内心信念的坚定很符合创业者的素质，但是我这里想讲的是，在整合的要素当中你讲到理念和信心，我自己这么看，值钱的东西好像不是理念，真正值钱的东西就是你创造的价值，脚踏实地的结果。很多人说我有非常优秀的理念，我听太多了，这世界上没有优秀的理念，只有脚踏实地的结果。所以不要用你的理念去整合别人，而是用你创造的价值给别人带来好处。

三流点子加一流执行水平

很多企业在发展过程中一再强调创意和战略的重要性，而忽略了执行。可是再完美的决策方案，如果得不到认真而严格的执行，也只能算是空中楼阁。企业要发展，要走在行业的前端，除了要有好的决策班子、好的发展战略、好的管理体制外，更重要的是要有一流的执行力。

执行力是一个变量，不同的执行者在执行同一件事情的时候也会得到不同的结果。执行力不但因人而异，而且还会因时而变。如果要想解决执行力的若干问题，就必须先剖析影响执行的根源，然后再找其方法，这样解决问题自然就会变得清楚些，容易些。

市场竞争日益激烈，企业要想得到生存与发展，必须具备多方面的因素，但决定团队成败的关键则是执行力。一个企业无论你的条件有多么好，如果领导的决策无法推行、意图无法贯彻、方针政策无法落到实处，那么这个团队就毫无战斗力可言，就如建在沙滩上的大厦，一遇风浪就会轰然倒塌、尸骨无存。

正如分众传媒的江南春所说："有创意的人很多，但能执行创意的人很少。"马云在与日本软银集团总裁孙正义探讨"一流的点子加上三流的执行水平"与"三流的点子加上一流的执行水平"，哪一个更重要时，得出一致答案：三流的点子加一流的执行水平。

事实上，阿里巴巴的成功依赖的是高效率的执行力。马云将阿里巴巴称为"一支执行队伍而非想法队伍"。他在不同场合反复强调，有时去执行一个错误的决定总比优柔寡断或者没有决定要好得多。因为在执行过程中你可以有更多的时间和机会去发现并改正错误。

市场犹如战场，虽然不至于血肉横飞、尸骨遍野，但其残酷性丝毫不逊于战场。在战场上，执行力是至高无上的，而企业在市场的打拼中，面对波诡云谲的竞争，要取得先机就要能够牢牢把握稍纵即逝的机遇。因此，领导的每一个决策都需要下面不折不扣地去执行，即便要损失个人利益，为了团队发展，从大局角度出发，也要毫不犹豫，勇往直前地去执行。倘若对于领导下达的任务心存疑念，模棱两可，执行起来犹犹豫豫、挑挑拣拣，那么，这个团队用不了多久，就会溃不成军、一败涂地。所以，马云在创业之初就要求员工一定要具有很强的执行力。

阿里巴巴在创业初期，即便是公司内部成员，也对网站的未来充满疑惑，因为那个时候资本市场宠爱的是新浪、搜狐这样的门户网站。而阿里巴巴的模式是独创的，当时还没有多少人能认识它的价值。马云在长城看到的涂鸦式留言"张三到此一游""李四到此留念"中得到启发，于是他要求技术人员将BBS上的每一个帖子检测并分类。当时的技术人员对此颇存疑虑，但马云认为只有这样才能让用户方便、快捷地利用阿里巴巴，所以他坚持己见。正是由于马云的强硬，阿里巴巴的发展方向最终确定下来，并获得了有效的执行。这也使得阿里巴巴在互联网泡沫时期不仅坚持下来，而且实现了盈利。

相对而言，阿里巴巴团队的平均资历，在互联网公司中并非最高，但其团队执行力肯定是最强的。早在2006年，阿里巴巴服务器机房整体往市区大迁移，许多人都很头痛搬家，因为搬家的过程，遗失或损坏一些东西在所难免。可在这次迁移的过程中，由于工作人员的高效合作，居然一丁点儿问题、故障都没有发生。在业内看来，这依靠的不仅仅是技术水平高超，更是一个团队的认真、执着与责任心。这也是阿里巴巴的核心竞争力。在这一点上，阿里巴巴已经远远甩开了竞争对手。

可见，执行力是团队效率的基础。要保证执行力，就必须把握做正确的事（战略的流程）、用正确的人（人员的流程）和正确地做事（运营的流程）这三个核心环节。

那么，阿里巴巴是如何提高执行力的呢，可从以下四个方面进行：

一、执行的决心是执行力之基

要保障执行力到位，需按照十大步骤进行：

第一步，制定战略规划：确立团队发展方向，增加向心力。

第二步，设计组织结构：分清职责，明确分工。

第三步，编制岗位说明：做到考核有据，奖惩有章。

第四步，理清管理流程：避免部门各自为政，不相配合。

第五步，制定目标体系：提升工作效率，使团队主动工作。

第六步，考核员工绩效：使工作有结果，让利益分配变公平。

第七步，设计薪酬激励：激励员工积极工作，多劳多得，能劳多得。

第八步，建设文化制度：使团队有章可循，有法可依。

第九步，打造人才梯队：提高人员的素质能力。

第十步，管控措施到位：防止执行不力，避免互相推诿扯皮。

二、要有敢于深入改造团队的勇气

发现团队存在问题，就要勇于解决问题。一个部门或一家公司不可能永远不出问题，关键是你要有解除这些麻烦的魄力。如果管理者已经发现了问题，却因为种种原因没有及时去解决的话，那么一个团队的优秀品质不久便会悄悄地消失掉。而当你意识到问题的严重性时，恐怕已经病入膏肓，只能"躺在床上等死了"。事实上，这很考验团队带头人的素质和能力，因为及时解决问题也是一种高效执行力的体现。

三、必须以建立核心团队为目标

核心团队就是一个团队的主要领导班子。一个团队的核心部分，主要可以分为4种。

1.能力强态度也好：放手重用。2.能力强但态度差：引导式管理。3.能力差但态度好：劝说式使用。4.能力差态度也差：告知式培养。

四、规则统一、监督遵守

一个聪明而坚定的管理者在执行规则的时候，一定要注意公正，也就是说把自己当作标杆，要模范化。第一，不能因为犯错误的人与自己的关系不错，就宽恕他；第二，不能随便地变通，带头不遵守规则。如果你作为一个团队的头儿，自己做到了这两点，以身作则，下属自然就没有太多的理由违反你制定的规则。

阿里巴巴团队执行力得以提高的基本要素表现：一是完善的培训，培训的目的就是提高；二是明确的目标或任务；三是激励执行者。

总之，像阿里巴巴那样拥有一支高效执行力的团队，才会有机会战无不胜，创造一番让人羡慕的奇迹。同时，也只有注重培养团队执行力的领导者，才是一个优秀的团队带头人。

卓越就是言必信、行必果

言必信，行必果。信：守信用；果：果断，坚决。说了就一定守信用，做事一定办到。企业成功靠执行，执行就要"言必信，行必果"，就要说到做到，就要令行禁止，就要对决定的事和布置的工作有反应、有落实、有结果、有答复。企业要成功，就必须拥有一支"言必信，行必果"的队伍；个人要成功，就必须说到做到，立即执行，绝不拖延。

在马云的创业生涯中，经历了无数的艰难困苦，而每次能突破困难，都得益于他"言必信，行必果"的风格。2001年12月27日，"中国供应商"会员达到100万人，成为全球第一个达到此数目的B2B网站，并在当月实现盈利。这意味着，阿里巴巴真正开始赚钱了！对马云、对阿里巴巴、对中国互联网企业、对全球电子商务而言，这都堪称是一个伟大的时刻！它正式向全世界宣告，马云创建的电子商务B2B模式是正确的、可行的。为这一天，马云奋斗了整整6年！

此后，马云的日子真正好过起来，他又开始向全球出击，到各个国家去展示他那绝世口才。他再次对台下的白种人口出狂言："现在，商人们打开电脑，看到的界面是WINDOWS，将来，他们看到的会是阿里巴巴！他们需要的一切服务，阿里巴巴都将提供。阿里巴巴将是贸易的同义词！"

2000年，阿里巴巴在美国硅谷、在伦敦、在香港快速发展，企业的飞速发展是盘子越来越大，但在管理上却遇到了问题。2001年1月，在GE（美国通用公司）工作了16年的关明生加入阿里巴巴，就任COO（首席运营官）。正是在关明生的协助下，这一年马云带领阿里巴巴做了三件大事，"延安整风运动""抗日军政大学""南泥湾开荒"。

阿里巴巴"延安整风运动"的目的，是统一思想，是树立价值观和使命感。此时纳斯达克正在轰然坍塌，员工对未来十分悲观，思想极为混乱。"红旗究竟还能打多久"？马云告诉员工，阿里巴巴的目标是什么？三大点：做80年持续发展的企业、成为世界十大网站、只要是商人都要用阿里巴巴！要想在阿里巴巴做事，每天的工作就得围绕这三大目标进行。"如果认为我们是疯子请你离开；如果你专等上市请你离开；如果你带着不利于公司的个人目的请你离开；如果你心浮气躁请你离开。"员工的心一下静了下来。

阿里巴巴"抗日军政大学"的目的，是在最先进的价值观和使命感的支持下，不断培养出能打硬仗的正规军。马云有一个"YES理论"，有人曾问马云应先赚钱还是先培训？马云答YES，既要赚钱也要培训；问要听话的员工还是能干的员工？YES，既要听话也要能干；问你们玩虚的还是玩实的？YES，我们既玩虚的也玩实的；问制度和人谁更重要？YES，都重要，我们同步进行！"我们这样要求员工，他们的素质就会不一样。"

马云还培训员工如何进行"南泥湾开荒"，即面对客户应具备的观念、方法和技巧。他们告诉员工，普通企业看到客户口袋有5块钱，想的是如何把它赚到手，而阿里巴巴员工的责任，是帮助客户把5块钱变成50块钱，再从中拿出我们应得的5块钱。这才是真正的服务！

最后，马云和他的高管团队制定了一部能使阿里巴巴持续发展80年的"宪法"，作为公司遵循的最高准则：第一条是"唯一不变的是变化"；第二条是"永远不把赚钱作为第一目标"；第三条是"永远赚取公平合理的利润"。

马云"言必信，行必果"的作风，使阿里巴巴走上了兴旺发展之路。要做到这一点，必须从以下几个方面进行：

一、令行禁止：执行没有任何借口！

成功企业的管理者们都知道，如果不能做到"言必信，行必果"，如果不能"令行禁止"，组织内部就会借口四起，大小任务都将没法完成，很多事情都会被拖延，从而造成组织运转低效，企业难以盈利。这样发展下去，再有实力的企业都必定会破产。

执行没有大小事之分：所有事情，无论大小；所有人，无论职位高低，只要是既定的规则，都要执行。执行意味着承诺，意味着没有任何借口，直至得到结果。

二、说到做到：言必信，行必果！

执行使人成功，拖延使人落后。拖延非但不能省下你的时间和精力，还会使你心力交瘁、疲于奔命。习惯性的拖延者，总是为了没有完成某些工作而寻找借口，或者为了自己的工作没有按照计划得到实施而编造理由，来蒙混公司，欺骗管理者。更重要的是，他们的这种行为，其实就是在不断地进行自我欺骗、自我折磨，把自己弄得疲惫不堪。没有任何公司对拖延成习的员工抱有什么希望，那些人终其一生，都不会找到发挥才能的机会。

三、拒绝空谈：保证完成任务！

"保证完成任务"，是最能表现中国人民解放军这个团队的精神的标志性话语。任何企业和组织需要的也正是具备这种"保证完成任务"精神的人。因为这样的人从不拖延、抱怨，从不寻找借口，而是想尽一切办法、克服一切困难，将任务执行到底。在竞争趋于白热化的商业社会中，缺少这种执行能力的人，根本无法胜任自己的工作，事业也不可能获取成功。

四、纪律严明：从坚决服从开始！

任何高效的组织，都必定纪律严明；任何成功的企业，都必定执行有效。有效的执行往往建立在绝对服从的基础上，没有服从就没有执行，而纪律是保证服从的基本前提。有了严明的纪律，才能保证完成任务，做到"言必信，行必果。"

第四章

把竞争看作一种野性的激励

竞争是种乐趣，不是你死我活

在现代商业社会，竞争可谓无处不在，激烈的时候几乎可以说是拼得你死我活。有些企业为了获取经营利益，不惜运用一切可以用到的手段：如价格战，或者在没有确凿证据的情况下宣扬、散布不利于竞争对手的言论，以不正当方式与竞争对手争夺交易机会。

对于这样的竞争，马云是非常不屑的，在他看来，竞争是一件快乐的事情，竞争不能带有仇恨，带着仇恨的竞争一定会失败。

2010年12月18日，云锋基金江苏论坛召开，基金发起人马云、虞锋、史玉柱、刘永好等商界大佬现场与数百名企业家交流如何做企业，反思总结自己做企业的经验和教训。马云也发表演讲，在演讲中，他不断问自己：为什么要办企业？凭什么能做企业？怎么能做好？

马云说，做舒服的企业比做大做强更重要，善待员工带来的回报远超过想象。对于机会和竞争，他说，不要抱怨没有机会，机会永远存在，每5～10年就有伟大杰出的公司出来。也不要抱怨竞争，竞争时候不要带着仇恨，带着仇恨一定失败。

"企业现在最多的是竞争，包括在我们这儿也有很多报怨。阿里巴巴、淘宝建了两个市场，很多人杀价，很多人天天杀价，我出5千万，他出4千万，这是最愚蠢的商战，我教一个傻子也会干，这不是企业家。比价算什么英雄？"

"真正做企业是没有仇人的，心中无敌，无敌天下，你眼睛中全是敌人，外面全是敌人。什么是企业的生态作战，生态里面非洲的狮子吃羊不是因为恨羊，是因为我就是要吃羊，因为可以让我生存。你竞争的时候不要带仇恨，带仇恨一定失败。"

有这样一则寓言讲的也是这样一个道理：

金龟子虽然体形很小，却勤奋地收集粪便，堆成圆形，再把它滚到巢穴里，使之还原为土。可以看出这是一种自尊心很强、不服输的小动物。

有一天，它和鹰产生了矛盾。

那天，饥饿的鹰在原野上盘旋，发现了一只兔子，于是就俯冲下来。兔子也发现了鹰，于是就慌忙逃窜。鹰最后将兔子追到了金龟子家门口。正在鼾睡的金龟子被惊醒了，看到了正在发抖的兔子。这时鹰猛冲下来，用利爪掐住兔子的脖子，金龟子向鹰求情道："现在在你手中的是我的朋友兔子，我知道你也得靠抓兔子过活，只是请您看在我的薄面上，暂且饶过他吧！"可是鹰根本没有将金龟子看在眼里，反而用宽大的翅膀将金龟子刮得远远的。待金龟子清醒过来时，鹰和兔子早已消失了。

于是金龟子就立志报仇：当鹰的巢穴在树上时，它就飞到树上将鹰蛋踢下；当鹰的巢穴在山崖上时，它就爬到崖上将鹰蛋推下；甚至当鹰把蛋产在万能之神朱庇特的怀中时，金龟子也爬到宙斯的衣服上，在上面排便，粗心的宙斯忙着拍屎，便把鹰蛋弄掉了。

宙斯在调解鹰和金龟子的争斗时才知道原来有这么一出故事。而两者谁也不愿意妥协，宙斯只好把鹰的产蛋期和金龟子冬眠的时间进行了调整。

这个寓言告诫我们在商战中不要轻易与对手发生激烈的交锋，即使竞争，也不要带有仇恨，应该快乐地进行。同时也应该注意一些看起来很微不足道的对手，假如有一天他们一旦掌握了我们的某些弱点，也将会给我们造成极大的损失。

真正的威胁来自于自己

现在，对于阿里巴巴来说，不仅仅要思考如何打败与抑制竞争对手，更要思考如何扮演好整个商业生态的领跑者与维护者的角色。对于自己打造的平台，也更有责任去约束这个正在飞速成长的巨人，只有维持公开、公正、公平，这个平台才会有后续成长力。

正如马云所言，传统的企业与市场的边界在不断模糊，一个无边界交易的空间悄然而生。阿里巴巴不断升级、不断跨界，同时不断地修缮盈利逻辑，就自然而然地成为了"全民公敌"——追赶冠军被行业内企业视为己任，醒悟的大鳄与涉世的小鱼都会跳起来与冠军掰一掰手腕。

阿里巴巴过去担当了中国中小企业走向世界的信息化助推器，是因为与中国中小企业发展的潮流共振。而未来，作为一个商业机器，如果阿里巴巴利益最大化与客户需求发生冲突，这应该是与马云最初的梦想相背离的，客户需要一个更为多元化、有很多补充的服务系统。

阿里巴巴下一个十年的一个伟大使命就是发挥领军企业的作用：整个生态系统中其他成员的效率、创新性和生命力，与自身成长息息相关。阿里巴巴不但能使庞大而分散的商业网络与顾客联结的难题化繁为简，达到"天下不再有难做的生意"的目标，而且通过为其他企业提供可资利用的"平台"，促进整个生态系统改进生产率、增强稳定性，并有效地激发创新。

在马云的观念里，从不花时间去研究对手，事实上他也无暇来研究对手，甚至根本就不知道对手在哪儿。本来在激烈的市场竞争中，你的对手不仅明处有，还有更多的隐藏在暗处，你就是想找也找不到。有如在马拉松的竞赛场上，作为参赛运动员，最好的办法就是做好自己，使自己的状态发挥到最佳。因此，当听到一声发令枪响，自然就会全力以赴地向前冲，哪里还有时间去看对手是怎么跑的呀。在马云看来，只有自己永远在奔跑，才能立于不败之地，又何必用自己同张三、李四做比较。其实，每个人都有属于自己的强项，我就是我，马云永远学不了王志东、张朝阳和王峻涛，而这些人也肯定学不了马云。

那时的马云是网络江湖上的独行侠，是网络赛场上的领头羊，他坚信：阿里巴巴的竞争对手是自己、是时间、是明天。应该与明天赛跑、与硅谷赛跑、与瞬息万变的互联网经济赛跑。

阿里巴巴创新的B2B模式在当时的中国互联网界，甚至是世界互联网界都是独一无二的。因此，在阿里巴巴最初的5年，主要是自我竞争，同时间竞争。

互联网这两年发生的变化很剧烈，互联网三大门户网站确立了地位，大家就要高度关注，也要高度关注我们的竞争。我以前从来不谈竞争，到现在我还是一句话，最大的竞争者还是自己。如果阿里人不完善管理、不提高效率、不加强创业的精神、不把客户的利益放在第一位，那么，我觉得我们首先会输给自己。

2004年，当雅虎和新浪联合成立"一拍网"，且采取的是与淘宝网相同的免费策略时，马云仍然认为这些不会给自己带来压力，能给自己带来压力的仍然是自己。中国市场上也许会有50个和阿里巴巴相似的公司，但是只会有一个阿里巴巴。可以说以后C2C的竞争会更加激烈，也会更精彩，还会有新的市场进入者。竞争者越多，对领先者越有利，淘宝会继续成为中国C2C市场的领导者。

在自我竞争的同时，阿里巴巴开始寻找跨行业的竞争者，它同GE竞争、同微软竞争。当然，开始主要是向这些世界商业巨人学习。

竞争永远充满乐趣。如果你觉得竞争是一种痛苦的折磨时，那你的策略一定错了，每个企业在竞争的过程中都不应该痛苦，竞争是一种给予。做企业是一种游戏，这个游戏是你跟公司的员工团结在一起的策略，但是不能做流氓。所以，我们在这方面要用一点智慧、用一点脑子。谁先生气，谁先输。

正如在生死搏斗的战争中，堡垒最容易从内部攻破一样，在残酷的市场竞争中，企业最大的危机和挑战往往不是来自外部，而是来自自身。因此，只有不断认识自身、超越自身，才能突破自身，也只有不断地奋斗、不断地创新，才能有所拓展。

马云说：并不是阿里巴巴有多了不起，也不是马云有多了不起，很长时间以来，很多人都不看好我，不相信B2B模式能赚钱，可我们一直看好这个行业，始终没有改变。2002年，网络经济泡沫破裂，许多做B2B贸易的网站一个个相继倒下，最后只剩下阿里巴巴。无论是互联网的冬天也好，泡沫期也好，我们都始终坚定地一路走来，有些人是晚上想试多条路，早上起来走原路，注定成功不了。

互相砥砺，在竞争中成长

马云对于竞争，有一种与生俱来的淡定和好感。在他的眼里，竞争就如一个拳师与另外一个顶尖高手切磋，大家才能互相成长，所以在与对手比赛过程中，要用欣赏的目光来看对手。只有你的对手变聪明了，你才能成长。

马云说过：讲理想是很重要的，一个企业要竞争，不给对方施加点压力他不会成长，你也不会成长……我们也是在别人的刀架脖子上杀出来，从来没人给我们一点点特殊的好处。企业发展就是要面临竞争的。

马云在回忆2003年、2004年、2005年他在做互联网的时候说：那时候我其实就记住一样东西，就是帮我的客户赚钱。淘宝2003年成立，2004年成立我没想过，打败eBay只是乐趣而已，就是在特别痛苦的时候，搞一个人折腾一下他，找一个对手，我真没想到可以把他真捅翻掉，这个是我没想到的，我也没想真去捅翻它，纯粹是他要打我的时候，我给他乐了一乐。我只知道一样，只有淘宝的小卖家挣钱了，我们才有活下来的可能。让他们真正知道有你和没有你是有区别的。你全心全意帮他们成功，只要这个时间越长，你越有机会。千万不要做的事情是，不要去证明你的模式是对的。因为你今天对的模式三年以后可能是错的。你只证明一点，我想帮我的客户成长，这一定是对的，这是我觉得要做的。

在互联网流传着这么一段有趣的对话：盘石网盟创始人兼董事长田宁问马云：我做的产业与你们阿里巴巴业务是很匹配的，你马云开的是开网店，而我呢则是负责拉客，也就是做网络广告，介绍更多新生意、新广告。我的问题是去年2012年中国网络广告首次超过报纸，互联网成为第二大媒体，而在阿里巴巴整个体系里面，广告也是主要收入，马总您认为未来三年中国的互联网广告怎么发展？

马云回答：三年前我还有这种乐趣，这个行业做第一，那个东西做第二，至少要做第一吧，这三年我改变了，我对第一没兴趣。我认为这个东西我们做一做，我们让这个行业有什么变化，因为我们折腾一下翻了一个个儿，我很有兴趣，而且兴趣越来越大。看见传统零售行业中间赚了这么多钱，又不好好干活的人倒下去，我特别快乐。看到金融行业说我们必须努力，必须得干得好一点，能够为小企业服务好一点，才能挡住支付宝这样的攻击，我就觉得我特别高兴。第三块广告，我觉得广告行业，我们的阿里巴巴的广告系统，就是要对现有的广告体系做一个革命性的颠覆。

马云说：因为每个人角度看法不一样，在座所有的小卖家觉得我们没有给他们足够的资源，大卖家到我们办公室来骂人的特别多，你们到底是靠我们养还是靠他们养。每个人的角度是心里面的看法，对阿里来讲，在我们眼里面，三年前阿里巴巴的年会上，我跟所有的客户和同事讲，阿里眼里没有大企业和小企业之分，只有诚信和不诚信之分，是不是努力、是不是创新的企业之分。今天淘宝人说越来越难活了，当年你为什么不来，当年我是跑了很多企业劝说他们来淘宝。第二个月成立的时候，我跟朋友说来淘宝，你这个破生意赶紧移到淘宝上来，费尽口舌都不行。一年以后我再跟他讲，还是不来。去年他来找我，我说你把自己这摊生意干好，别来了，现在在淘宝上生意越来越难做。我告诉你从来没容易做过。说中国做生意越来越难做，中国什么时候做生意好做过，没有好做过。

全世界没有哪个地方好做生意，全世界没有哪个时候好做过。不同的时代，你永远跟同代的人竞争。所以我觉得，你要问我，我不讲谎话，我最喜欢小卖家，但是我不排斥大卖家，大企业搞不过小企业的比比皆是。今天在淘宝上淘品牌成功的，年销售额过亿的都是彻底在淘宝上成立起来。他们为什么能成功？所以我觉得只要你想干，你总有机会。

马云对待对手，一直都是用欣赏而非仇视的目光。因为欣赏，才能在与对手的竞争中，有所促进、有所收获。

主动选择对手比战胜对手更重要

一个优秀的团队必然会参与许多竞争，遇到很多对手，迎接更多的挑战。而在竞争中，要学会主动选择对手，这远比战胜对手更为重要。如果选择优秀的人作为对手，在相互的拼搏中，往往能够从对手处学得更多的东西，即便是失败也很壮烈，而且还能从失败中有所收获；如果选择平庸的人作为对手，虽然胜利也是平淡无奇。

马云作为一个侠之大者，就像武侠小说里所描写的，一个有资质的人才总会在一次又一次的比武中得到一些非同寻常的顿悟，进而功力大增。而他身上必然有这样一种特质：善于选择好的竞争对手并向他学习。

在马云看来，竞争最大的价值，不是战败对手，而是发展自己，"竞争者是你的磨刀石，你被越磨越快，越磨越亮"。在竞争的过程中，选择好的竞争对手，然后最重要的是向竞争对手学习。

　　eBay在全球C2C市场的实力以及对中国市场的窥视，使马云选择了eBay作为竞争对手。在淘宝总裁孙彤宇看来，eBay是一个非常好的"陪跑员"。孙彤宇说："就像小时候我考体育，跑百米有一个非常深刻的体会，一开始不懂，两个人两个人地考，我就找一个比我差的人，我觉得我比他跑得快，感觉很爽。后来我发现不对，我要找一个比我跑得快的人，这样两个人一块儿跑，我才会跑出比原来好的成绩，因为他跑在我前面，我想要超过他，这是'陪跑员'的责任。我觉得对于企业来说，这可能比较自私。但如果身边有一个跑得慢的人，你真的很爽，尤其是离得很远了，你会不断地回头去看，甚至还停下来朝他望望，有可能还点根烟抽抽。所以，我们要的是比我们跑得快的人。"

　　我希望到时候能看到一个百花齐放的景象。阿里巴巴为其他公司提供了经验教训和资源，其他公司发展起来，也会给阿里巴巴带来很多好处。在一个行业里，一枝独秀是不行的，也是危险的。中国的事情总是三足鼎立才能使一个行业发展起来，至少做大三家才有钱赚。一个很好的例子是TOM进来了，三大门户网站之间不打架了，为什么？因为大家都成熟了，这个行业也渐渐成熟了。

　　这也就是竞争对手共同把蛋糕做大的市场效应。市场的扩大使企业获得的份额也相应地增大。正如竞争战略第一权威——哈佛商学院迈克尔·波特教授所言："'竞争对手'的存在能够增加整个产业的需求，且在此过程中企业的销售额也会得到增加。"

从马云的竞争观里，我们得到的启示是：要想使一个优秀的团队具有战斗力，就必须掌握分析竞争对手的方法。具体如下：

一、竞争对手的市场占有率分析

市场占有率通常用企业的销售量与市场的总体容量的比例来表示。分析的目的是明确竞争对手及本企业在市场上所处的位置。分析市场占有率不但要分析在行业中，竞争对手及本企业总体的市场占有率的状况，还要分析细分市场竞争对手的占有率的状况。

二、竞争对手的财务状况分析

竞争对手财务状况的分析主要包括盈利能力分析、成长性分析和负债情况分析、成本分析等。

竞争对手盈利能力分析。盈利能力通常采用的指标是利润率。比较竞争对手与本企业的利润率指标，并与行业的平均利润率比较，判断本企业的盈利水平处在什么样的位置上。同时要对利润率的构成进行分析，主要分析主营业务成本率、营业费用率、管理费用率以及财务费用率。看哪个指标是优于竞争对手的，比竞争对手高，从而采取相应的措施提高本企业的盈利水平。

竞争对手的成长性分析。主要分析的指标是产销量增长率、利润增长率。同时对产销量的增长率和利润的增长率作出比较分析，看两者增长的关系：是利润的增长率快于产销量的增长率，还是产销量的增长率快于利润的增长率。一般说来利润的增长率快于产销量增长率，说明企业有较好的成长性。但在目前的市场状况下，企业的产销量增长，大部分并不是来自于自然的增长，而主要是通过收购兼并的方式实现。所以经常也会出现产销量的增长率远大于利润的增长率的情况。所以在对企业成长性进行分析的时候，要具体分析，剔除收购兼并因素的影响。

其他的财务状况分析，如资产负债率的分析、成本分析，在很多财务管理书里都提到，这里就不再讨论。

三、竞争对手的产能利用率分析

产能利用率是一个很重要的指标，尤其是对于制造企业来说，它直接关系到企业生产成本的高低。产能利用率是指企业发挥生产能力的程度，很显然，企业的产能利用率高，则单位产品的固定成本就相对低。所以要对竞争对手的产能利用率情况进行分析。

分析的目的，是为了找出与竞争对手在产能利用率方面的差距，并分析造成这种差距的原因，有针对性地改进本企业的业务流程，提高本企业的产能利用率，降低企业的生产成本。

四、竞争对手的创新能力分析

目前企业所处的市场环境是一个超竞争的环境，所谓的超竞争环境是指企业的生存环境在不断地变化着。在这样的市场环境下，很难说什么是企业的核心竞争力，企业只有不断地学习和创新，才能适应不断变化的市场环境。所以学习和创新成了企业的核心竞争力。

五、对竞争对手的领导者进行分析

领导者的风格往往决定了一个企业的企业文化和价值观，是企业成功的关键因素之一。一个敢于冒险、勇于创新的领导者，会对企业做大刀阔斧的改革，会不断地为企业寻求新的增长机会；一个性格稳重的领导者，会注重企业的内涵增长，注重挖掘企业的内部潜力。所以研究竞争对手的领导者，对于掌握企业的战略动向和工作重点有很大的帮助。

对竞争对手领导者的分析包括姓名、年龄、性别、教育背景、主要的经历、培训的经历、过去的业绩等。通过这些方面的分析，全面了解竞争对手领导者的个人素质，以及分析他的这种素质会给他所在的企业带来什么样的变化和机会。当然这里还包括竞争对手主要领导者的变更情况，分析领导者的更换为企业的发展所带来的影响。

第五章

阿里巴巴最值钱的是价值观

价值观的认同比能力更重要

每一个优秀企业，都有一套吸引人才、打造人才的体系，尤其是一些欧美企业十分崇尚的是精英管理，因而精英治企也成为国内企业所追求的时髦。但马云却经常在不同场合说出拒绝"精英"的话，这可能很伤人，但在拒绝精英的背后，却是马云对价值观的重视和坚持。在他的心目中，价值观的认同比能力更重要。

这是因为，对于一个团队来说，最重要的就是基于共同的文化信仰和目标，通过企业清晰的目标和共同的价值取向成功引领团队走向辉煌。有资深管理培训师做过一个调查，当问起团队成员最需要团队领导做什么，70%以上的人回答——希望团队领导指明目标或方向；而问团队领导最需要团队成员做什么，几乎80%的人回答——希望团队成员朝着目标前进。由此可以看出，统一的价值目标在构建一支优秀团队中占有十分重要的地位，它是团队所有成员最为关注的一个问题。有管理者说："没有行动的远见只能是一种梦想，没有远见的行动只能是一种苦役，远见和行动才是世界的希望。"毫无疑问，每一个企业都想用最忠诚的文化和强有力的信念武装自己的员工，可在国内企业界真正能够做到的领导者并不多，而阿里巴巴董事局主席马云做到了。

我们知道，共同的价值目标就像一个国家的领袖，可以让任何人折服、陶醉，为之疯狂，心甘情愿地跟随在他的指挥棒下，聚成一股强大的正能量。同理，一个合格的团队管理者必须拥有给下属画苹果的能力，目标就是苹果，它可以无法完成任务，但绝不能缺位。

马云对团队统一的价值目标的深刻理解，也是伴随着阿里巴巴的成长乃至强大而植根到阿里文化中的。正如世界上很多国家和民族为了同一个目标而要被灌输信念和伟大复兴的计划才能迅速地腾飞一样。但是，目标不是馅饼，也不会从天上掉下来，轻而易举地让你唾手可得，它需要精准的定位和精心的设计，并为此付出数倍于别人的心血和汗水。很多人只注意到成功的结果，忽视了它实现的过程是如此不可思议的艰辛，这是很多今天看起来很棒的企业明天很快夭折的深层次原因，也是关系到能不能带好队伍最为重要的因素。

马云认为："创办一家伟大的公司比上市更为重要。"在他的意识里，上市是一个公司发展的自然过程，但是在发展的过程中，一定要有一个目标，就如阿里巴巴这样的公司，上市是为了公司的发展，而不能只是为了钱。的确，公司在发展过程中，最难得的是突破资金的瓶颈。这个企业发展的最大难题，对于阿里巴巴来说，几乎是在不经意间就十分轻松地解决了。当阿里巴巴急需资金的时候，通过融资就得到了互联网企业至今为止最大的一笔风险投资8200万美元。尽管企业难题解决得十分顺利，可要做一个伟大的公司仍然是困难重重，不可能一蹴而就，也不是能在短期内就能确定的。正因为如此，才提出"阿里巴巴要做102年"，其目的就是要告诉员工：平时要打好基础，少一分功利，多一分实在，如果只是为了上市来工作的，那么就趁早离开！

的确，在为一个团队找到一个足以凝聚大部分人向心力的价值目标之时，我们首要的步骤是画图，如同为一栋建筑做出一张精美而完善的设计图纸。

建起一栋大楼，需要做哪些工作？在这张图纸上，必须有一个科学的结构图，保证这栋楼的所有位置都是安全的。在这个阶段，安全是第一位的，外形则是次要问题。一栋不会倒塌的丑陋大楼，远胜于承受不住5.0级地震的漂亮美观的时尚建筑。当你看到日本地震的新闻时会发现这个事实，当你着手为自己属下这一群人建立团队目标时，也要意识到这个问题。

目标的基础就是文化和信念，可以保证团队的安全，使一群为了共同目标奋斗的人不至于因为骤然的变故分崩离析。

要知道，有人的地方就会有价值的观念（价值取向），不管是愿意还是不愿意，价值观都会在企业的员工中形成，如果你没有主动引导，员工形成的价值观念可能会与你期望的相反，作为企业应该主动引导团队的价值观，而不能任其发展。不良的价值观就像野草一样，迅速在团队中蔓延。人的大部分行为是受价值观影响的，所以团队中建立价值观极为重要。任何企业必须有良好的价值观，才能更好地经营自己的企业，并激励自己的员工，达到一种全体员工同心同德、力争上游的状态。

对违反价值观的行为零容忍

2011年2月21日下午，阿里巴巴B2B公司宣布，为维护公司"客户第一"的价值观及诚信原则，2010年公司清理了逾千名涉嫌欺诈的"中国供应商"客户，公司CEO卫哲、COO李旭晖因此引咎辞职。阿里巴巴表示，公司决不能变成一家仅以赚钱为目的的机器，违背公司价值观的行为丝毫不能容忍。

马云表示，"诚信，是阿里巴巴最珍视的价值观基础，这包括我们员工的诚信以及我们为小企业客户提供一个诚信和安全的网上交易平台。我们希望释放一个强烈信息，就是任何有损我们文化和价值观的行为均不可接受。"

在同日一并发出的马云致员工的公开信中，他要求所有阿里人对不诚信行为采取零容忍态度。他说："'客户第一'的价值观意味着我们宁愿没有增长，也绝不能做损害客户利益的事，更不用提公然的欺骗。"

阿里巴巴B2B公司信息显示，从2009年开始，贯穿2010年全年，该公司国际交易市场上有关欺诈的投诉时有发生。虽然从2010年第三季度开始，B2B公司已经开始关闭涉嫌账号并采取措施以图解决问题，但上述投诉仍未绝迹。

2011年1月份，B2B公司董事会委托专门的调查小组，对上述事件进行了独立调查，查实2009、2010年两年间分别有1219家（占比1.1%）和1107家（占比0.8%）的"中国供应商"客户涉嫌欺诈。上述账户已经被全部关闭，并已提交司法机关参与调查。

在调查环节中，有迹象表明B2B公司直销团队的一些员工，为了追求高业绩高收入，故意或者因疏忽而导致一些涉嫌欺诈的公司加入阿里巴巴平台。先后有近百名销售人员被认为负有直接责任。这些人员将按照公司制度接受包括开除在内的多项处理。

与此同时，B2B公司对外宣布，该公司CEO兼总裁卫哲和COO李旭晖因上述原因引咎辞职。淘宝网CEO陆兆禧接替卫哲，兼任B2B公司CEO职务。原B2B公司人事资深副总裁邓康明引咎辞去集团CPO（首席人力资源官）职务，降级另用。支付宝CEO彭蕾将兼任阿里巴巴集团CPO职务。

马云的公开信提到，这一个月来他很愤怒，也很痛苦，

"对于这样触犯公司价值观底线的行为，任何的容忍姑息都是对更多诚信客户、更多诚信阿里人的犯罪！我们必须采取措施捍卫阿里巴巴价值观！所有直接或间接参与的同事都将为此承担责任，B2B管理层更将承担主要责任！"

马云要求B2B团队必须进行深刻检讨，要拥有"面对现实，勇于担当和刮骨疗伤的勇气"。

"正是基于对'客户第一'的使命感，和阿里人为了组织健康的责任感，我才提出辞职申请，"卫哲为上述事件进行了公开道歉，"这四五年里，我刻骨铭心地体会到以'客户第一'为首要的阿里巴巴的价值观是公司存在的立命之本！尽管我们是一家上市公司，但我们不能被业绩所绑架，放弃做正确的事！阿里巴巴公司存在第一天就不在乎业绩多少，业绩是结果，不是目标！我学习到作为阿里人要勇敢地面对并承担自己的责任。"

"对于有才干的人离开公司，我感到非常痛心。卫哲和李旭晖愿意承担责任是非常值得钦佩的行为，我衷心感谢他们过去对本公司付出的不懈努力，"马云说，"这是我们成长中的痛苦，是我们发展中必须付出的代价，很痛！但我们别无选择。"

在马云看来，公开、透明、诚信是阿里巴巴价值观的体现，勇气和担当是每一个阿里人的基因，阿里人有勇气面对成长的纠结，也敢于将自我修复的过程公之于众。他希望这次事件也能为中国其他的公司提供一些镜鉴——遇到类似事件时，应该怎么应对。

在阿里巴巴内部，存在这样的广泛共识——价值观不是贴在墙上的，它体现在成长的每一个环节中。有问题就处理问题，没有什么需要掩饰。主动发现、主动处理、主动公开，不犹豫、不回避，这才是应有的姿态。

马云说："这个世界需要的是一家来自于社会，服务于社会，对未来社会敢于承担责任的公司。这个世界需要的是一种文化、一种精神、一种信念。因为只有这些才能让我们在艰苦的创业中走得更远，走得更好，走得更舒坦。"

阿里巴巴方面进一步表示，该公司还将继续行动，查找任何政策上、结构上、程序上和系统上的不足之处，以防止同类事件的再次发生。

阿里巴巴的行为显示出，其作为一家以创造新商业文明为己任的公司，诚信是对社会和企业负责的原则底线，没有任何业务或个人可以漠视这个基本的价值观，不管这个人是谁。

阿里的价值观修炼与营销

很少有中国企业像马云这么重视价值观修炼，这是一种大公司精神，是一种基业长青精神。比如，在早期的阿里巴巴，

"倒立"只是一种独特的娱乐方式。后来，马云下了死命令，将倒立当作"政治任务"在内部推行，每一个员工，不管男女都必须学会。关于此，马云有三个层面的考虑：

第一，你以为自己做不到，其实你一定能做到。马云认为，只要克服心理障碍，一定就能实现。瘦弱的员工说，细小的胳膊实在支撑不起庞大的身躯。马云说，倒立就是最好的锻炼。

第二，你一个人做不到，在有人帮助的情况下，就一定能做到，这就是团队合作。

第三，马云赋予了倒立换个角度思考的文化意义："每个人都要学会倒立，因为当你倒立起来，血液涌进大脑，看世界的角度和平时完全不一样，想问题，也就能找到一个不可思议的角度。"

倒立是打破条条框框的一种手段，为了在内部强调这种打破常规的文化，马云可谓不遗余力。

2001年，马云把四个同事送回了MBA，一个去了哈佛，三个去了沃顿商学院。马云看他们时专门说："你回来时告诉我忘了MBA教的一切，你毕业了；如果还是条条框框，你没有毕业，继续回去学。MBA学了两年以后，还要起码花半年时间去忘掉MBA学习的东西，那才真正成功了。"

众所周知，阿里巴巴做的是企业网上贸易平台的生意，一家中国的小企业可以将产品陈列在阿里巴巴的网上，世界各地的采购商可以通过这个网站平台下订单采购。如同我们平时网上购物的体验一般，交易双方从交易洽谈到交易达成再到货物交付都不需要见面。除了货物和货款外，一切都是虚拟的。在这样的商业模式下，诚信就比我们去市场上买卖白菜变得重要得多。没有人会愿意去一个鱼龙混杂、假货横行的市场去摆摊，因为会掉价；也没有人会愿意到这样的市场去买东西，因为容易受骗。因此，不久前马云铁腕整肃价值观的这一记重拳，捍卫了自己的声誉，看似小题大做，事实上是要给"交钱设摊"的供应商会员——阿里巴巴的重要的客户群打入一剂强心针，以稳住阿里巴巴的重要利润来源。

著名的营销大师菲利普·科特勒教授将营销价值观称为第三代的市场营销策略（Marketing3.0）。他是这样归类的：第一代营销策略以产品为中心，王婆卖瓜，自卖自夸，有什么东西就卖什么；第二代营销策略以客户需求为中心，强调产品设计要满足客户的个性化需求，要将目标客户不断细分，简单地说，企业不是要把自己的东西推给别人，而是要如何帮助别人达成愿望；第三代营销策略以价值观为中心，不仅要抓住客户的需求，还要打动客户的心，让客户喜欢上企业，认可企业的价值观，然后会长期使用这家企业的产品。根据这样的理论，一个企业的推销员也可以分为几类，有的是卖产品的，有的是卖价值观的。毫无疑问，马云是一个出色的价值观推销员。

从"独孤九剑"到"六脉神剑"

自阿里巴巴于1999年成立以来，有共同价值观和企业文化的员工是其最大的财富，阿里巴巴正是在这种认识的高度中不断地完善，并走向强大的。

2001年，从美国通用公司出来的关明生加入阿里巴巴出任COO后，有一天，他问马云："阿里巴巴有没有价值观？"马云说有，他说写下来没有？马云说没写过。

当时的阿里巴巴，口口相传的师徒制，已经无法保持阿里巴巴企业文化及价值观的统一和延续。何况是一群哈佛、耶鲁的毕业生在听一群杭州师范学院的毕业生讲呢？在关明生的建议下，阿里巴巴总结出了九条：群策群力、教学相长、质量、简易、激情、开放、创新、专注、服务与尊重。

这是阿里巴巴第一次将自己的价值观明确提出来，马云称之为"独孤九剑"。这套价值观总结出来以后，阿里巴巴在全国各地的公司墙上都贴上了"独孤九剑"。马云告诉新来的同事，谁违背这九条，立即走人没有别的话说。在这种环境下，阿里巴巴拥有了一个良好的工作氛围。

2002年年底，就在阿里巴巴全体员工群情振奋之际，2003年，"非典"突然降临。当时，广州本来已经被明确划为疫区，但是阿里巴巴承诺会和客户参加广交会，因此还是派了员工去参加广交会。面对公司员工和他们亲友的指责："这样的时候，为什么还要派员工去广州？"马云的解释让阿里巴巴的员工对价值观有了全新的理解："我们已经承诺了客户！"此前，客户、员工、股东三者的利益一直纠缠不清，比较而言，阿里巴巴比较统一的认识是股东利益要次于客户和员工，但客户和员工的位次却一直没有弄清楚。通过"非典"，全体阿里巴巴员工都明确了一个理念：在阿里巴巴，客户第一、员工第二。

2004年7月，现任阿里巴巴B2B公司人力资源副总裁的邓康明来到了阿里巴巴，出任集团副总裁，负责整个阿里巴巴的人力资源管理。

加入阿里巴巴后，邓康明的第一刀就切向了"独孤九剑"："这一套价值观的描述，没有完全展现出阿里巴巴的个性。我们正在从几百人变成几千人，甚至未来有可能要扩大到数万人，'独孤九剑'并不便于大面积地推广。"

经过与集团高层反复讨论，2004年9月，邓康明组织了一个三百人规模的专题会议。与会人员除了集团高层，还包括各个层次的员工代表。这次讨论进行了整整一天，所有参会人员都谈了价值观实施中的个人感受……反反复复地，在邓康明的引导下，议题渐渐向价值观是不是可以改变，应该怎么改变转移。会议结束时，"独孤九剑"已经渐渐集中到了六个方向上。

2004年10月，马云最终拍板，原来的"独孤九剑"精炼成了"六脉神剑"：客户第一、团队合作、拥抱变化、激情、诚信、敬业。

对一个年轻的公司来说，空洞的说教并不能改变人的思想。改变人的思想，必须先改变人的行动。阿里巴巴的"六脉神剑"就从改变员工的行动上入手，将每一条价值观都细分出了五个行为指南。而这30项指标，就成为了价值观考核的全部内容。

从"独孤九剑"到"六脉神剑"，不是简单的数字游戏，而是意味着阿里巴巴的价值观逐渐走向规范和标准化。

这种价值观教育的结果使阿里巴巴职业经理人能为了公司利益不计较个人得失。阿里巴巴曾进行了一次机构上的大调整，牵扯到很多人事安排。这在跨国公司可能要经历3～6个月的痛苦过程，在阿里巴巴两个月就完成了。简单透明的企业文化起到了决定性的作用。

与一般企业只不过是把口号挂在墙上不同，阿里巴巴的价值观是真真切切地落在实处的，因为在阿里巴巴的考核体系中，个人业绩的打分与价值观的打分各占50%。也就是说，即使一个业务员拥有很好的业绩，但是价值观打分不达标，在阿里巴巴依然会面临淘汰。

马云一直把价值观的建设当成阿里巴巴最重要的事："外界看我们，是阿里巴巴网站、淘宝网，但只有我们自己知道，我们的核心竞争力是我们的价值观。"

对一个员工业绩的考核显然更容易，价值观听起来就更虚无缥缈一些。但是阿里巴巴还是有一些办法把比较虚的价值观用一些具体的方法做出衡量，比如把价值观分解成30小条，每小条都对应相对的分值，采取递进制，纳入到考核之中。

尽管价值观的打分占到考核的一半，但是在阿里巴巴因为价值观而被淘汰的员工并不多。"我们在招聘的环节中就在确认他的价值观是否符合标准，否则对公司和员工都是不负责任的。"彭蕾说，"在招聘的时候我们会有一些问卷，来确认他的行为，以及做一些选择、一些判断的时候的想法。比如说我们会问他，你在某某公司期间，你最佩服的同事是谁。如果直截了当地问他，你在那边人缘好不好啊，这个问题太直白，他可能会选择对他最有利的一种回答。但是我们会问他，当时跟你配合最好的人是谁，配合最不好的人是谁。对于这些问题，他很难去掩饰他的真实想法。"

如今，随着阿里巴巴集团各个子公司的发展，在"六脉神剑"的基础上，阿里巴巴又形成了"阿里橙"文化。"橙核"是共同的价值观六脉神剑；"橙肉"是各公司子文化；"橙皮"是各子文化丰富多彩的外显形式。

第六章

管人：领导力让队伍不缺实力

管理者要做企业的"教育官"

马云说："阿里巴巴这个平台，除了创造财富外，就是要培养人才。"

马云很自豪的一件事情是："我的四大天王，每人至少能够管理1000亿元人民币以上的资金；八大金刚，管理500亿元；十八罗汉，每人管理300亿元；四十太保，至少10亿元。"这些人正是阿里巴巴倾心培养的结果。

马云给阿里巴巴提了一个口号：阿里巴巴要成为未来企业发展的黄埔军校，要成为未来企业家的摇篮。

创业10年，马云不仅创造了大量的财富，也带出了一支战无不胜的队伍。没有一个具体的数字能够说明这10年中马云到底培养了多少人才，但是这10年间，马云把阿里巴巴变成了一个大熔炉、一口高压锅、一所大学校，尽力为阿里巴巴，也为中国企业培养人才。

马云心里很清楚："只有当下面的人超越你的时候，你才是真正的领导。你突然发现当了3年领导，你的水平还是公司里最好的，那你根本就不适合当领导，领导是通过别人拿成果。刘备打打不过关公，算算不过诸葛亮，但是刘备是最聪明的，所以领导最需要关注下面人的成长。"

马云正是怀着想让下面的人尽快超越自己的心胸来看待培养人才的。他打造核心团队，大胆让员工独当一面，充当"封疆大吏"，就是为了让手下的团队尽快地超越自己。他用人的原则只有一条，那就是看你的品质、能力，还有你的成长速度。阿里巴巴上百人的骨干团队，就是这10年来培养出来的。

孙彤宇、李琪和金建杭等就是马云一手培养起来的。孙彤宇可以说是追随马云时间最长的人，从1996年马云做中国黄页的时候起，就和马云风雨同舟，一起创业。在阿里巴巴成立之初，马云曾说过："我们原来的人只能当连长、排长，因为现在能力不够。公司需要师长，需要军长……"孙彤宇当时就表态："我们有信心将来变成师长、军长。我们需要自己变成军长、师长，每个人都需要成长。"

在孙彤宇的努力以及阿里巴巴的培养下，2年后，孙彤宇已经成长为阿里巴巴的副总裁。

2003年，在秘密打造淘宝的时候，马云经过深思熟虑，将任务交给了孙彤宇。孙彤宇成为淘宝网总经理，成为阿里巴巴的第一个"封疆大吏"，孙彤宇也实现了自己当"军长"的理想。

但是，在一个完全陌生的领域内开疆拓土，向eBay这个"巨人"叫板挑战，这是一副重担。受命之时，马云问孙彤宇："什么时候能够超过易趣？"孙彤宇向马云立下了军令状："3年！"结果，在短短半年内，淘宝全球排名就进了前100名，到了2005年，淘宝已经占据了80%的市场份额，彻底打败了eBay易趣。只用2年，孙彤宇就圆满完成了任务。

在阿里巴巴，像孙彤宇一样从"连长排长"成长为"军长师长"的，还有李琪、金建杭、陆兆喜等。

阿里巴巴为了能够使高级管理人员得到各个方面的锻炼，还将高级管理人才对调。在阿里巴巴刚刚上市不久的2007年12月份，阿里巴巴集团高级人才陆续前往海内外著名商学院脱产学习、休整、提升，更充分地与行业内外的优秀企业、企业家交流沟通。

根据公司干部轮休学习计划，阿里巴巴集团COO李琪，阿里巴巴集团CTO吴炯，阿里巴巴集团执行副总裁、淘宝网总裁孙彤宇，阿里巴巴集团资深副总裁李旭晖都离开现任岗位。

马云认为，中国人要想创办全世界最优秀的公司，前提必定是要具备一个伟大公司所必备的胸怀、眼光以及全球化视野，拥有一支全世界最优秀的管理团队。所以阿里巴巴除了一如既往地提升自己和引进外部人才之外，还要大力推进走出去的人才战略部署。

马云的做法，值得所有企业的领导人效仿和学习。只有注重人才培养，企业家的成长才有根基，企业的发展、壮大才算找对了源泉。但是，相当一部分民营企业都采取了机会导向型的方针，重视企业的发展，而轻视人才培养。这是典型的短期行为，虽然一时效果较好，但长期来看后劲不足。还有很多创业者会引进"空降部队"。事实证明，"空降兵"的成功概率非常低。这里的原因很多，比如，创业者对"空降兵"寄予过高的期望，希望他能够在短期内扭转局面，通常是不现实的事情。

所以，刚刚创立的企业在培养人才的时候，最好将内部培养与外部引进结合起来。从外部引进的，最高级别是中层管理者，如部门经理，而后在企业内部进行系统培养和考察，从中发现优秀人才，逐步将其升至高级管理岗位。这就要求在企业发展度过生存阶段后就着手引进除财务、人事之外的部门级职业经理人，为以后的发展打好基础。

具体做法是：首先，搞好内部培训。内部培训要着重对员工实行价值观、职业道德、技术技能水平等方面的培训，全面地提高员工的工作素质和技术。这也是一个企业长远发展的保证。其次，立足内部挖潜。每一个企业内部都有最适合自己行业发展的人才，就看创业者能不能把他们挖掘出来。再次，提供良好的工作平台。企业要不断有吸引员工提升的目标让员工竞聘，竞聘最主要的原则是通过比成果、比实施方案，使参与者首先完成和自己的竞争。最后，创业者也要以身作则、树立榜样，要不断地学习，在企业中树立积极的学习的氛围和建立针对学习的激励制度。

企业领导者只有大力开展员工的内部培养，多在内部发掘人才，才能激发企业活力，完善企业制度。马云的做"首席教育官"的目标，值得每一位企业领导者学习。

外行领导内行的关键是尊重内行

见过许多IT界的青年才俊，看到马云的时候，总不能将他和中国最大的电子商务网站的CEO画等号。倒不是他其貌不扬的外表，而是发现在互联网世界游刃有余的他，对电脑竟然如此一窍不通。

比如说，马云用电脑只会做两件事，收发邮件和上网浏览。马云也声称，他是一个完全不懂计算机的人，但恰恰是这一点，却让他如盲人骑象般，在网络这头"大象"上颠簸了十几年，回头一看，自己不仅还活着，而且还活得很好。

不知这是否像电影《阿甘正传》所讲的阿甘的故事，阿甘天生弱智，有点傻傻的。当他应征入伍去打仗的时候，每一次，在战场上他只知道做一件事，打不过敌人的时候，就拼命地跑，穿过枪林弹雨也不回头地跑。等战争结束时，他的很多同伴都牺牲了，只有他还活着。

对于马云来说，不懂技术的他永远不跟技术人员吵架。因为他始终认为，外行可以领导内行，但关键是尊重内行。技术不管多么伟大，多么复杂，都是为人服务的。马云没有海外留学背景，没有很高的学位，但他如今掌管的阿里巴巴已经拥有了上万名员工。

公司新开发的软件或新的产品，如果马云拿上来就会用，也就说明了80%的人都会用。如果马云不会用，这些东西就是"垃圾"。马云自嘲为："我们的技术是为了帮助像我这样傻的人使用的。我们把互联网当成工具，对客户从来不说这是什么高科技，除了谈到税收优惠的时候。"

其实外行是可以领导内行的。创业初期，在公司的战略决策上，马云当仁不让：不做门户，也不做B2C，就做B2B！但究竟如何操作？还得大家商量着来。阿里巴巴的标识如何设计？阿里巴巴的页面如何制作？商人的买卖信息如何贴上去？如何进行信息核实和分类？所有这些细节，都是在充分民主讨论的基础上完成的。

当时阿里巴巴有三个负责写程序的工程师：吴妈、狮子、宝宝。不久又来了个香港小伙子名叫Tonny。Tonny当时只有20岁，但已算得上香港的IT高手了。Tonny的父亲是马云的朋友，是父亲介绍他到阿里巴巴应聘的。

公司初创时，没有严格的管理制度，也没有严格的工作流程，而是自由争论，平等决策。楼文胜说："决定页面时，彻夜不停地争论；设计标识（LOGO）时，争论过20多个方案，当盛一飞拿出今天人们到处可见的那个字母a的变形时，大家一致认可。其实这个标识的人形就是孙彤宇的侧面像。"设计页面时，开始由宝宝做了个模板，这个模板做得很成功，有很好的扩展性；然后大家在这个模板基础上一起开发程序，狮子主要负责写Windows下的程序，很快阿里巴巴的页面就设计出来了。

马云说："因为我不懂技术细节，而我的同事们都是世界级的互联网顶尖高手，所以我尊重他们，我很听他们的。他们说该这样做，我说好，你就这样去做吧。试想一下，如果我很懂技术，我就很可能说：那样没有这样好。我会天天跟他吵架，吵技术问题，而没有时间去思考发展问题。"

尊重和不干预，马云对待工程师一直是这个态度。开始公司里只有三四个工程师时是如此，后来公司里的技术人员发展到500人时，还是如此。马云一直把他们当作一个另类群体，尊重他们，宽容他们，甚至给他们特殊政策和特殊待遇，并为他们的发展开拓了广阔的空间。马云清楚，一个网络公司离不开技术，他时常为阿里巴巴拥有众多世界级的网络高手而自豪。在他不惜工本千方百计吸纳人才时，其中很多人都是像雅虎搜索器开发者——吴炯这样的技术人才。现在阿里巴巴的工程师分为

P1、P2、P3三个等级，但成为了P3以后还可以发展。马云早就宣布过：工程师可以做技术副总裁，也可以做COO和CEO。

但马云从创办网络公司的第一天起始终坚持：技术很重要，但技术不是第一位的，技术要为商业模式服务。马云虽不干预技术细节，但要干预技术设计的原则："有一段时间我就像公司里的技术检查员，有时候技术人员做出一样东西后说这样东西非常好，我一看我不会用，我说，因为我不会用，所以80％的人不会用，如果我会用这东西才可以拿出去。""真正的高科技就是一摁一开，不要弄得很玄乎。我坚信一点，电子商务很简单，应把麻烦留给自己，不要留给用户。"

马云提出来的阿里巴巴设计原则是：简单。马云还和其他人一起干预了主页面的设计，"我们极其挑剔，仅一个主页面，我们就枪毙了16稿。"

一次，马云受邀到美国哈佛大学演讲。他在演讲中透露他"不懂技术"，这让在场的人大吃一惊、难以置信。然而，实情就是如此。马云1995年在出访美国时首次接触到因特网，之前连计算机都没有摸过，回国后就创办网站"中国黄页"，1999年又创办"阿里巴巴"，至今他的计算机知识也仅限于收发电子邮件。

马云是技术上的外行，但他却是管理上的内行。

外行能否领导内行，这个问题向来存在争议。持否定意见的人认为，外行领导内行，那不是瞎指挥吗？这种担忧并非毫无道理。如果领导者、管理者仅仅因为"在其位"，便理所当然地"行其令"，尽说些外行话让别人无法照办；或者担心被手下小看、瞧不起，不是内行却硬要冒充内行；或者事事喜欢大包大揽，对内行"干预"不当成了"干扰"……这样的外行领导内行，结果就可能是成事不足，败事有余。

然而，倘若能像马云那样，首先，坦承并正视自己的"短处"。谁都不可能是"百事通"，领导者也不一定就是全才。借用韩愈的那句话："弟子不必不如师，师不必贤于弟子"，"闻道有先后，术业有专攻"，在技术、业务上，手下不必不如领导，领导不必强于手下。其次，开阔胸襟，放宽气量，"海纳百川，有容乃大"。不仅不嫉贤妒能，反而心甘情愿地为内行搭建舞台、搞好服务，让他们一显身手、建立功业。最后，扬"长"避"短"，尊重内行。虚心听取内行的专业意见，放手让他们创新、创造，既充分发挥他们的长处，同时也发挥自己用人、管理上的长处。如此，外行领导内行，又有何不可？这样的事例史不绝书。比较典型的就是刘邦："运筹帷幄，决胜千里，吾不如子房；输粮草，保供给，治国安民，吾不如萧何；率百万之众，攻无不克，战无不胜，吾不如韩信"。于是，"运筹帷幄"的事交给子房，"治国安民"的事交给萧何，"率百万之众"的事交给韩信，刘邦尊重内行，用好内行，不也一样成就了王业吗？

其实，内行领导内行，又何尝不需要"尊重内行"呢？如果领导者、管理者认为自己是行家里手，在工作上就"唯我独尊"，不听其他人特别是手下一些内行的意见，一则谁都有考虑不周、照顾不到的时候，容易造成决策失误；二则也难以调动手下的积极性，甚至造成抵触情绪，处处与你作对，事事拆你的台。须知，再专业、再能干的领导者，如果没有凝聚力，变成"孤家寡人"，也是孤掌难鸣，干不出什么名堂来的。任何部门、单位的工作，只有上下一心，才能有所成就。发明家爱迪生去世后，留下了2000多项发明成果。然而，那么多发明并不是他一个人办到的，靠的是他所率领的研究团体——"爱迪生"团队。虽然自己是杰出的发明家，但爱迪生仍然尊重团内的每一名成员，并善于尊重别人的专长，让别人发挥最大的作用。当时发明赚不了太多钱，所以1年多发不出薪水是常有的事，但团队的成员们仍然愿意跟爱迪生一起工作，奉献自己全部的聪明才智。

不论你是内行，还是外行，做到尊重内行，让手下的内行心情舒畅、各尽其能，这才是领导者的明智之举，也是成就事业的关键所在。

用个人魅力引导企业前行

榜样的力量是无穷的，我们每个人在成长过程中，都会从先进人物身上吸收营养和力量。在员工管理中，好的领导者使员工有榜样可学，从而引导他们积极向上、奋发工作，同时也使领导者更加充分地发挥和施展自己的才智。因此，对于企业培训来说，榜样学习仍不失为一种行之有效的好方法。

对于榜样衡量的标准，阿里巴巴创始人马云说过："为过程喝彩，为成果奖励。"管理者还应注意：要奖励工作成果，而不是奖励工作努力。

对于一个企业来说，要想长期生存下去，就必须组建一个非常有战斗力的团队，因为在当今的社会，靠自己单打独斗永远没有出头之日，在这个讲究合作、共赢的社会，谁能团结最多的优秀的人才，谁也就有可能成为商场上最终的胜者。而要做到这一点，就要求领导者有良好的个人魅力。马云创业的经历正是个人魅力的充分体现。

马云创业之初，一没背景，二没金钱，对于互联网也是一知半解，顶多也就是网民的水平，但几年过去，他一手创立的阿里巴巴却成为互联网中的"金刚"，取得了石破天惊的成功。这得益于马云所具有的良好的个人魅力，包括他从小具有的侠义精神、出色的演讲能力、永不言弃的坚强品质等。这些，让无数的合作者认为和他在一起有奔头，于是，谈投资的蔡崇信当他的CFO，哈佛的35名MBA争着"回中国跟着Jack Ma一起工作"，还有孙彤宇等一大群忠心追随他的伙伴们。"人心齐，泰山移"，正是有了大批优秀人才的加盟，才最终铸造了阿里巴巴发展的神话。

马云之所以能够将大批的企业精英集聚在麾下，正是因为其极具特色的个人魅力吸引了他们。马云魅力的表现如下：

一、说话磁力。马云说起话来总是有条不紊，让听者乐在其中。因此，只要一有机会，人们就会情不自禁像被磁场吸引一样过去与其交谈。正是因为马云说话具有这种磁力，使其拥有了成功男人的一种独特魅力。

二、办事能力。马云办起事来总是雷厉风行，说干就干。无论什么事情，他总是办得妥妥帖帖。纵使偶尔有失败，人们也会给予理解：这是任何人都办不成功的事情。因此，当人们有大事、难事时，总是会向他请教，他在人们心目中的威望极高。

三、目标压力。马云制定目标时总喜欢给自己一定的压力，正因为这种压力，才激发了其动力。事实上，作为一个男人，如果他的目标没有压力，就会自负，脱离实际，逐渐走向平庸。从这个层面上讲，成功的男人所定的目标实现起来是有难度的，且有强大的压力。当目标实现后，他的自信心又会增加一分，人们对他的评价又会高出一筹。因此，目标有压力的男人会一次次战胜自己，一次次征服人们。

四、生活动力。生活中，"一个成功的男人，一定少不了女人的支持"。这女人是谁呢？或妻子，或母亲，或某知己，只须其一，贤惠即可。当然，也有很多干出了大事业的男人没有贤惠的女人，那我说，在事业上他是一个顶天立地的家伙，却不能算成功男人。也或者，他有其他非贤惠女人的朋友代替了贤惠女人给予的动力。其实，成功男人的生活圈子是很大的，他不但拥有贤惠的女人，更拥有一大帮忠心的朋友、兄弟。要得到足够的动力，成功男人必须拥有贤惠的女人和忠心的朋友、兄弟，二者缺一不可。马云不仅有一个贤惠的妻子无怨无悔地默默支持着他，而且还有"十八罗汉"始终如一地和他一起打拼事业。

五、传人魄力。马云绝不是空前绝后、平白无故地冒出来的，而是承前启后的肩挑重担的男人。作为这样一个男人，必须具有上代人的优点和下代人的特长，也就是说他拥有了包括自己在内的三代人的长处。不仅如此，还得善于向上代成功人士学习，善于把自己的知识经验传给下一代。

六、政治权力。马云即使不为官，也能掌握政治动向，说出话来让人信服。有时候一句话就是一项政策，与政治并行且控制政治，不让政治牵着鼻子走。这就是马云走向成功的魅力之一。

七、人格魅力。马云对待他人和集体真诚、热情、友善、富于同情心，乐于助人和交往，关心和积极参加集体活动；对待自己严格要求，有进取精神，自励而不自大，自谦而不自卑；对待学习、工作和事业，表现得勤奋认真。在理智上，具有丰富的想象能力，在思维上有较强的逻辑性，尤其是富有创新意识和创造能力；在情绪上，善于控制和支配自己的情绪，保持乐观开朗、振奋豁达的心境，情绪稳定而平衡，与人相处时能给人带来欢乐的笑声，令人精神舒畅；在意志上，表现出目标明确、行为自觉、善于自制、勇敢果断、坚韧不拔、积极主动等一系列积极品质。

马云正是通过这种光芒四射的人格魅力和榜样力量，影响着每一个阿里人，促使每一个员工都能竭尽所能、全心全意地为阿里巴巴做贡献。

那么，怎样才能像马云一样培养出领导者的人格魅力呢？应当坚持以下原则：

一、诚信为本。以诚相待，以心换心，是产生信任的强大内驱力，是建立良好人缘的首要原则和根本要求。若能以诚相待，即使是简单的话语，也能产生意想不到的交际效果；若待人不诚恳，再多的交际、再大的投资也收效甚微，甚或适得其反。

二、平等待人。无论是上级、同级还是下级，无论是干部还是群众，无论职位高低，无论是否拥有实权，无论是在职者还是离退休者，都要平等对待，一视同仁。为此，领导者要勤于学习，不断充实自己，用知识和能力提高人格魅力。

三、勇于实践，不断塑造人格魅力。实践是人格魅力成长的源泉和动力，也是塑造人格的重要途径。领导者要积极参加各种领导活动，主动接受挑战，在实践中增长才干，锻炼人格；要经常与人沟通思想，用自己的人格魅力感染他人，教育他人，鼓舞他人；要严格管好亲朋好友和身边的工作人员，使他们成为展示自己人格的重要窗口；要从小事做起，探寻和创造建立良好人缘的切入点、结合处和连接部；要敢于同各种不法、不良行为做坚决斗争，增强塑造人格魅力的勇气和力量。

四、善于总结，不断完善人格魅力。定期反省自己的人缘发展状况，及时总结成功的经验和失败的教训；虚心听取多方面的意见，及时发现和改正自己的缺点；大胆使用反对自己的人，把他们当作自己的一面镜子；经常开展自我批评，同时鼓励他人批评和监督自己，营造彼此之间诚恳批评和热情监督的良好风尚。

第七章

用人：优秀人才是"折磨"出来的

用平凡的人做不平凡的事

马云之所以成功，能用人、善用人是其重要的原因，他的用人之道很普通也很特殊，但是非常实用。马云说，谁都知道现在的阿里巴巴公司有一个汇聚世界精英的团队，但是，平时我们在用人上，"精英"却不是首选，甚至连第二都排不上。

马云说："进我们公司有一个月的专门培训，从第一天起，我们说的就是共同的价值观、团队精神。我们要告诉刚来的员工，所有的人都是平凡的人，平凡的人在一起，做件不平凡的事。如果你认为你是'精英'，请你离开我们。"

马云在接受记者采访时不止一次说，好的企业领导者一定是个"好老师"，阿里巴巴之所以能有今天的成绩，也与他是个老师出身有关。"平时，我就爱去帮助别人。跟其他老师一样，当老师的时候，我就希望我的学生成为全校最好的学生，希望我的学生，在社会上真正有用，并超过我。我这次从福州回杭州的时候，阿里巴巴可能就有1400多名员工了，其中，起码有500—600人已超过了我。也就是说，我在阿里巴巴并不是最好的，但我肯定是最乐意教人的。所以在阿里巴巴，与其说我是个首席执行官，不如说是个'首席教育官'。具体地说，每位员工来公司的时候，第一堂课就是我为他们上的。"

"今年内我们的阿里巴巴管理学院就要成立，那时，我会在那里为他们上课，当然我不教理论，我要教的是他们在学校里学不到的，也就是企业实战的案例。"马云说，"当老师很有意思。你如果把你自己懂的东西跟别人分享那是无上的幸福，因为这两年我看了太多的管理案例分析了，而学校里课堂上教的东西，到社会上根本不管用。"

马云认为企业的领导者应该是一个老师，不是说一定要是个老师出身的，而是他应是个诲人不倦、善于沟通、既能不断充实自己又能激发别人潜能的人。"我们公司就不欢迎职业经理人，我们欢迎老师式的领袖。我觉得一个领袖和一个经理人之间的区别是：经理人眼光看出去是'这个人这个不好那个不好'；而领袖看的是他的潜力：这个人这方面很好，如果让他发挥，就会非常不错。"马云解释说，"每个人都有潜力，你信不信，一百米跑13秒的你，如果后面是老虎在追你的时候，你一百米能跑出11秒。这就是潜能。一个企业领导者的工作就是需要去挖掘员工的潜能。"

要想打造一个优秀的团队，就得拥有正确的选人用人之道，必须掌握以下诀窍：一是不可"大马拉小车"，小企业不可用大才之人；二是选人用人时，在同等条件下，最好选择那些经济条件较差、生活困难、急需工作的人，雪中送炭胜过锦上添花；三是将人才分为三类：其一是可以信任而不可重用者，就是那些忠厚老实但本事不大的人；其二是可重用而不可信者，这是那些有些本事但私心过重，为了个人利益而钻营弄巧，甚至不惜出卖良心的人；其三是可信而又可用的人。

同时要重点把握选人用人的十大原则：

一、德才兼备的原则。轻德重才、轻才重德都是片面的。特别是对德的衡量，很难有个具体标准。企业用人，要看一看他履历上有没有过劣迹、有没有过特别不良的嗜好、有没有过严重的违法乱纪行为以及他一贯的品行。一个连做人的底线也达不到的人，是切不可重用的。

二、用人唯才的原则。要坚决排除学缘、血缘、地缘关系，摆脱论资排辈弊端，抛开个人恩怨和好恶，坚持"人才第一"的理念，将真正有才能的人放到重要位置上，放到需要的岗位上。

三、适才原则。适才原则也就是职能相称原则，什么料，派什么用，要什么样角色，找什么样的演员来演，领导者必须了如指掌。

四、用长容短原则。金无足赤，人无完人。用长容短，发挥特长，既是领导者的用人原则，也是领导者善待人、善用人之修养。一是要用人之长，不着意其短；二是扬其长，避其短；三是用他人之长，补己之短，虚心好学；四是善用比自己高明的人。

五、信任原则。用人不疑，疑人不用，这是用人的基本原则。既用之，就要用而信之，用而重之，使之尽其才、尽其心、尽其责。

六、用人、育人原则。企业要不断完善选人、用人、管人制度。对人的使用要重培养、重实际、重教育、重制度。光知道用人，而忽视育人，等于只要马儿跑，不给马儿吃好草。

七、用有敬业精神的人。无论他多有才，如果没有敬业精神，他的才能就得不到很大发挥，有时甚至还会起反作用。所以，用人一定要用有敬业精神和实干精神的人。

八、用专心工作的人。所谓专心就是专业、专注、专一。其一，每个员工都有自己的专职工作，严禁在企业外兼职，不允许一心二用；其二，定岗定位，各负其责，既要密切配合，又不要越俎代庖；其三，勇挑重担、敢于负责、善于负责。

九、用执行力强的人。一切行动听指挥，步调一致才能得胜利。好的员工必须执行力强、有企业归属感和强烈的团队荣誉感，否则就不是一个好员工。

十、建设一支协调互补、高效精干的队伍。一个企业必须要有各种人才，一个经营班子的几个成员，其知识、能力、素质、专长、阅历、年龄等各方面各有所长、各有所短，领导者的责任就在于把各种不同的人才搭配起来，使分散的"偏才"成为整体优化的"全才"。要坚持高效精干原则,"兵不在多而在于精"。领导者一定要狠下功夫,以精干的队伍,打出最漂亮的仗。

用"末位淘汰制"考评用人指标

不少企业在团队建设过程中,过于追求团队的亲和力和人情味,认为"团队之内皆兄弟",而严明的团队纪律是有碍团结的。这就直接导致了管理制度的不完善,或虽有制度但执行不了,形同虚设。

严明的纪律不仅是维护团队整体利益的需要,在保护团队成员的根本利益方面也有着积极的意义。管理制度一旦制定下来,领导者们就必须坚决维护管理制度的严肃性。做到这一点,就要强调对人对己都应一视同仁。

当阿里巴巴的员工扩展到200人时,管理问题出现了。当阿里巴巴扩展到1000人时,马云及时提出了管理危机的问题。他的应对方法一是聘请具有十几年GE管理经验的高管关明生出任COO;二是根据阿里巴巴企业文化和国际成功企业先进成熟的管理经验,制定阿里巴巴的管理制度。

阿里巴巴的管理制度主要由培训制度和绩效考核制度组成。

它把员工分为五类:一、没有业绩也没有价值观的被比喻为"狗"，这样的员工将被"杀掉"。二、业绩好没有价值观的被比喻为"野狗"，这样的员工如果不能改变价值观也将被清除。三、没业绩有价值观的被比喻为"小白兔"，这样的员工将被帮助。四、业绩好价值观也好的被称作"明星"，这样的员工将得到最多的机会和最多的股票期权。五、业绩一般价值观也一般的被称作"牛"，这样的员工是大多数，他们将得到培养和提高。

阿里巴巴的绩效考核制度有严格的指标管理。末位淘汰制度执行起来也很残酷。"我们公司是每半年一次评估，评下来，虽然你的工作很努力，也很出色，但你就是最后一个，非常对不起，你就得离开。在两个人和两百人之间，我只能选择对两个人残酷。"

在马云的原则里，对于"野狗"，无论其业绩多么好，都是要坚决清除掉的，正如马云所说："善待犯错误的人是对的，但是绝不容许那些'野狗'破坏团队，破坏公司利益，对这些人绝对不容忍"。不能作假、不能作弊、不能欺骗客户、不能夸大服务、不能给客户回扣、不能为客户垫款等很多这类的硬性规定，都能够从阿里巴巴的规章制度中得到充分体现，成为阿里人的基本原则。

阿里巴巴的一位资深员工这样说道："新来的员工业绩不好，没关系，如果违背我们的价值观去欺骗客户，好，你就一句话都不要讲了。"

"第一，阿里巴巴永远不给客户回扣，谁给回扣一经查出立即开除，否则会让客户对阿里巴巴失去信任。中小企业老板的钱赚得并不容易，你再培养下边的员工拿回扣，你不是在害他吗？第二，不许说竞争对手坏话。"这是马云对阿里巴巴制定的两个铁的规定，无论是谁，如果违反这两个规定，尤其是第一个，一定会受到严厉的惩罚。

2004年，阿里巴巴的高管在抽查业务员的通话录音时，听到了一名员工跟客户承诺回扣的事情。这让主管们大为吃惊：在阿里巴巴竟然有这种员工存在？随即公司马上进行了一番认真的调查，结果发现，这名员工原来是淘宝网一名业绩一直很突出的业务员。

据说，这名员工还是上一个季度的"销售冠军"，在平时一直很遵守公司规定，这个季度马上就要"冲线"了，为了保住"冠军"，才急功近利地出此下策。可即便是这样，马云还是在调查清楚后，毫不留情地把这名员工辞退了。

或许，马云的这种做法在外人看来有点不近人情，但是在原则问题上就是不能讲人情，用马云的话说：这是"天条"，永远都不能侵犯！

但阿里巴巴制度管理中也有一些人性化的东西。例如，善待犯错误的人，容忍失败，敢于使用败将，全力帮助业绩不好的"小白兔"。

马云是个人情味很浓的企业家，冷酷不是他的特色。他一直希望把企业变成家庭，变成学校，变成同甘共苦相濡以沫的战斗集体。因而阿里巴巴在推行严格科学的制度管理时，马云也没忘了人性化的管理。

随着阿里巴巴的发展壮大，人员越来越多，如果没有行之有效的制度，企业就不可能正常地运转下去。因此说制度是企业赖以生存的体制基础，是企业的行为准则和活力之源，是企业经营活动的体制保证。

那么，阿里巴巴是如何制定出科学的规章制度呢?

一是合情。制度贵在精，不在多。对于阿里巴巴而言，制定过一大堆的规章制度，但是真正发挥作用的制度有多少不得而知，已经失效的制度有多少不得而知，不能很好执行的制度有多少也不得而知。特别是涉及互联网技术程度较高的制度设计一定要合情而且实用可行。淘宝网的飞速发展，无可避免地也会带来一些负面影响，为了确保客户的利益，站在客户的角度，马云制定了一系列监督制度和担保制度，使客户利益得到保障。

二是要合理。制度的合理性来自于内外部两个方面。从外部来讲，一个制度的设计要考虑公司、社会、客户等多方面的利益诉求，要尽量做到平衡。

从内部来讲，制度的设计要考虑到公司内部各个部门和层级之间的平衡，不能顾此失彼，从而引发部门与部门之间的矛盾或者公司层级之间的隔阂。阿里巴巴的制度，都是在实践中合理地进行修改完善的。

三是要合法。首先是要符合国家的法律法规，这是最基本的要求。特别是一些关于财务规定和人力资源方面的管理，不能单纯从公司利益出发，不考虑社会法律的要求和员工的利益，否则最终吃亏的还是公司。其次是要符合公司的基本法律，就是公司章程。公司任何制度的制定都要以公司章程为要求，以公司股东利益为最高要求，而绝不能仅仅以部门甚至个人利益为出发点。最后是规章制度的制定要与公司其他的规章制度相融洽，不能出现制度之间的相互矛盾和对立，否则不利于执行。阿里巴巴的所有制度，都是在国家法律法规的指导下制定和完善的。

在阿里巴巴同样有严格的绩效考核：所有的员工，每季、每年都要参加业绩、价值观的双重考核，各部门主管按"271"原则对员工的工作表现进行评估：20%超出期望，70%符合期望，10%低于期望。

在这个过程中，怎样保证考核的公正性呢？在阿里巴巴员工进行自我评估、主管给员工考核时，如果考核成绩在3分以上或0.5分以下，都要用实际案例来说明这个分数。主管完成对员工的评估，同时跟员工进行绩效谈话以后，员工就可以在电脑上看到主管对自己的评价。同时，员工也可以随时找HR，反映考核中的问题。

🐱 严格培训为阿里注入"新鲜血液"

培训是人力资源最重要的投资，尤其在竞争空前惨烈的情况下，企业唯有提高管理品质作为应变之道。而要追求管理品质的完善，也只有通过培训，才能实现这种目标。因此，国外一些竞争力极强的企业，都把员工培训放在企业长期发展的战略高度来认识。遗憾的是，在国内似乎对员工培训的重要性缺乏应有的认识，许多企业界人士还未将管理训练与考绩、升迁、加薪、奖惩等人事决策适当挂钩，顶多只是将培训当作参考而已。而且公司与企业往往只注意短期培训，忽略长期规划。

事实上，有效的培训是十分必要的，这种培训，需要靠个人与企业双方共同努力。而人员接受培训的质与量则影响了两件事：工作表现的结果及员工离职率。适当的培训对员工的留职有正面的影响：接受适当培训的人员，能以更多的信心、热心及骄傲去从事他们的工作。这些良好的感觉不仅能提高个人工作品质，同时也使公司更壮大，人员也更容易管理。较低的员工离职率与员工好的工作表现，对一个成功的企业是十分重要的。

作为全球领先电子商务公司的阿里巴巴，对于员工的培训十分重视，他们联手苏州工业园区培训管理中心、国际科技园软件园培训中心，共同组建的高端人才培养基地正式挂牌成立，从此拉开了双方共同打造国际化、复合型电子商务人才库的序幕。同时，苏州国际科技园电子商务人才培训班也正式开班。

阿里巴巴对于培训是非常重视的，其对象囊括了公司所有的员工。无论是新员工还是工作骨干、中层干部、高管人员，都在培训之列，即便是保安人员，除了参加相关的保安培训外，也要参加公司内部的培训。培训内容总体分为三大块：新员工的入职培训、在职员工的岗位技能培训和管理人员的管理技能培训。

新员工培训分为销售和非销售员工的培训。新员工在入职一个月以内必须参加两周的脱产带薪培训，课程项目有公司发展、价值观、产品和组织架构介绍等。针对公司新员工普遍年龄比较轻、平均年龄不到30岁的特征，还开展百年责任的活动，包括做环保义工、去敬老院慰问老人等，帮助员工感悟做人做事的道理，增加社会责任感。

岗位技能培训分为专业技能培训和通用技能培训。专业技术技能包括计算机技术、市场营销、PD／网络、客户服务、人力资源等；通用技能包括基本技能、沟通技能，项目管理、问题解决、工作精简、行业知识等。通过这些培训，能使员工掌握工作技巧，提高工作效率，从而增强员工的成就感。

管理人员培训计划分为阿里巴巴管理技能计划、阿里巴巴管理发展计划和阿里巴巴领导力发展计划。公司内部简称为3A课程。每个计划由3—4门核心课程组成，针对不同层级的管理人员进行系统培训和学习。每个项目都结合工作实际，并兼有课前的沟通调研，课后行动计划的执行，由业务主管、人力资源部和培训部共同打造管理人员的综合能力。

每个进入阿里巴巴公司的员工都要参加为期两周的叫作"百年阿里"的培训，培训期间学员一起上课、拓展、游戏。这一培训主要是向大家介绍公司，宣扬价值观，培养团队合作意识。

阿里巴巴人力资源负责人说，有共同价值观和企业文化的员工是公司最大的财富。"今天银行利息是2个百分点，如果把这个钱投在员工身上，让他们得到培训，那么员工创造的财富远远不止2个百分点。"因此，阿里巴巴每年用于员工培训上的投资就有几百万元。

一般员工都要经过1—3个月才能融入公司文化，为此，阿里巴巴特意设置3个月的师父带徒弟和人力资源关怀期，而在入职6—12个月的时候还可以选择"回炉"接受再培训。

阿里巴巴的培训，可以说是多种多样、异彩纷呈，不仅有"百年阿里"培训，还有着许多其他培训，诸如："阿里课堂""阿里夜校""管理培训"等。据一位支付宝的员工讲述：公司定期请外面的专业讲师为他们培训有关银行结算、风险控制等方面的专业知识。"阿里夜谈"针对公司年轻人多，兴趣爱好各不相同的特点，设立了一些经过调查发现员工感兴趣的学习和交流。修身养性、行业动态、文化素养、兴趣爱好都是夜谈关注的重点。

阿里巴巴根据员工不同的偏好，分为三个职业阶梯，使性格不同、对自己未来规划不同的员工都能够满意。在阿里巴巴，年轻人平均27岁，这一年龄层的人都有一个共同特点，是被爸爸妈妈培训大的，被老师培训大的，所以他们的自主学习的意愿还不是特别强。面对这群员工，用的方法又不一样。先培养行为，当他看到这种行为的结果，然后再去转变他的观念。

阿里巴巴学习的项目名称很怪，什么夜校、课堂等，我们把这些名字拿来，希望强化这个概念。其实里面的内容还是管理体系，包括阿里巴巴所有的管理人员必须接受的强制性培训。从普通员工到高管级的，给每名受训人员制定了不同的选修和必修项目。

公司根据培训内容采用多样化的培训方式。常用的有课堂、夜校和夜谈。课堂是知识体系相对完整、培训时间集中的

课程，一般要求授课时间在 7 小时以上。比如成功的PowerPoint
设计、中国供应商客户管理系统等课程的设立，让员工能够系
统地学到知识。管理培训是针对管理人员的课程，讲师一般都
是公司的高层管理人员。课程如谈判技巧、进阶领导艺术等，
让员工在短时间内掌握工作技巧。夜谈是知识体系分散、以员
工的兴趣爱好或者生活常识为主开设的课程。比如信用卡使用
技巧，买房还是租房等，让员工能够明白一些生活小窍门，愉
快地生活、工作。

　　除了常用形式外，各个子公司还根据实际情况开发出本公
司适用的培训形式。淘宝推行师徒制，由经验丰富的员工在工
作中一对一地指导徒弟，从而构建良好的工作学习氛围。师徒
制的推行，一方面使新人业务知识和工作技能得到有效指导，
工作绩效快速提高；另一方面师父在指导过程中，自身能力也
不断加强。

　　支付宝采用管理论坛，针对内部管理者在管理工作中存在
的问题，采用大家分享讨论的形式，提高管理者能力。雅虎在
价值观的培训中，让员工自导自演，以情景剧的方式诠释自己
对价值观的理解。这些不同的形式增加了培训的乐趣，让员工
在娱乐中得到了学习。

　　阿里巴巴培训的特点：一是能者为师。阿里巴巴的培训师
来源广泛，既有公司外部的专业培训师，也有公司内部经验丰

富的管理人员，还有工作在"一线"的员工。二是次数频繁。在阿里巴巴，几乎每周都有培训，这么多场次的培训针对不同对象，开设不同内容，覆盖率达到70%，使每个员工都有机会学习、发展。三是严格管理。为了提高培训效果，阿里巴巴制定了严格的培训程序管理。阿里巴巴视员工培训为"百年大计"，也称其为"阿里军校"，是整个阿里文化的发源地。

阿里最不能容忍的两种人

马云对于员工的考核，主要有两个标准，一个是业绩，一个是价值观。他用野狗和小白兔这两个十分生动的形象，对员工在两大标准的表现上给予了评判。对于野狗，他给予的定义是：一个人的业绩很好，但没有价值观。而马云对于野狗的态度是坚决地踢出去。那么小白兔呢，则是业绩不怎么好，但拥有非常好的价值观。对于小白兔，也得毫不留情地坚决杀掉。因为作为一个立足百年的企业阿里巴巴，她的员工必须是业绩、价值观都好的人。

当今企业界特别是500强企业，都狠抓绩效管理。在某种意义上，绩效关系到企业的生死存亡和美好愿景。绩效管理对于提升个人业绩和企业业绩发挥着重要作用。近年来，中国企业在重视企业绩效的过程中，开发了一系列考核的工具，如平衡积分卡、360度考核等，也开始重视企业文化的作用。企业家们已经意识到了企业文化落地抑或是"执行"这一点，并在自己的企业建设当中，注意将文化理念一并渗透于企业的方方面面。凡是大的企业包括海尔、联想，都开发出适合自己企业的文化价值观、企业愿景、企业目标。好的企业文化一定可以帮助企业成功，但并不是所有有企业文化的企业就能成功。

在阿里巴巴，业绩和价值观被列为两大考核指标。围绕这两个指标构成的坐标轴，员工绩效评估被分为"狗""野狗""牛""小白兔"和"明星"五个类型。从这一绩效评估体系再次印证了价值观在阿里巴巴集团内受重视的程度。在阿里内部，业绩优秀且价值观符合公司要求的员工才能成为大家认可的明星员工。阿里巴巴集团董事局主席马云曾经为阿里集团制定了一套价值观系统，并命名为"独孤九剑"，后精简为"六脉神剑"。

对于业绩考核，马云十分形象地举出实例：在阿里巴巴公司的平时考核中，业绩很好，价值观特别差，即每年销售可以卖得特别高，但根本不讲究团队精神，不讲究质量服务，这种人我们称之为"野狗"，我们的态度非常坚决："杀"！毫不手软地"杀"掉他。因为这类人对团队造成的伤害是极大的。而对那些价值观很好，人特别热情、特别善良、特别友好，但业绩却总是好不起来，我们称之为"小白兔"的这类人，我们也要杀。我们毕竟是公司，而非救济中心，不能给企业创造效益，当然也不能留在企业。不过，对于"小白兔"，却可以向领导申请一次"免死金牌"，由主管领导决定是否留用。而"野狗"就没有这个机会。

在经营业绩和核心价值观产生冲突时，究竟是要业绩还是要价值观？阿里巴巴用自己的方式给出了答案。为维护客户第一的价值观，捍卫诚信原则，2010年该公司有约0.8%，即1107名"中国供应商"因涉嫌欺诈被终止服务，该公司CEO、COO为此引咎辞职。而此事在舆论上也引发了泾渭分明的两种意见。

B2B公司董事会称，虽然B2B管理层从2010年第三季度开始关闭涉案中国供应商的账户，并采取行动以图解决问题，且新的诈骗账户也明显下降，但董事会认为，这种组织性的问题需要本公司继续强化价值观才能得以解决。

事实上，业绩追求和价值观之间的冲突广泛存在于中国商界。有一种观点是，在中国当下的企业界，业绩主导一切，只有先野蛮生长，然后才能往成熟企业过渡。而以阿里巴巴为代表的则持另一种与此截然相反的观点，阿里巴巴表示，公司决不能变成一个仅以赚钱为目的的机器，决不容忍违背公司价值观的行为。

马云说，从第一天开始，阿里巴巴就设立了让天下没有难做的生意的价值准绳，并为此在组织和架构上进行了充分的准备，随时捍卫价值观，因而，在互联网业界，阿里巴巴一直被视为具有社会化企业视野的典范。

有多名业界知名人士在阿里巴巴相关事件后发表言论，对阿里巴巴断臂疗伤的行为表示钦佩，并认为，树立良好的价值观，更好地服务大众，将会是中国大企业向伟大企业转型中的必经之路。

中国银泰投资公司董事长沈国军也对马云的行为表示敬佩，他将阿里巴巴的行为形容为"壮士断臂，含泪斩将"。他说，这一切都是为了中国商业文明和商道回归。美特斯邦威董事长周成建则说，坚守是坚持者的座右铭，为中国有这样的企业感到骄傲。巨人网络董事长史玉柱亦对阿里巴巴的果断行为表示赞扬，他说："巨人企业文化里有句'敢于承担个人责任'的话，近年可能已流于形式，看到阿里巴巴CEO卫哲引咎辞职，深感阿里巴巴才真正敢于承担个人责任，阿里巴巴的成功绝非偶然。如此重大的人事变动，如果换我坐在马云的椅子上，说不准就会缺乏魄力而破坏公司规则。"

此前，星巴克公司为了确保其价值观得到贯彻，曾经全面停业一天，用以作为员工的深入讨论时间。而阿里巴巴此次事件，引发了中国企业界的深层反思：要业绩还是要价值观？要短期快速成长还是要基业长青？

而阿里巴巴则是最值得借鉴的成功企业之一。在阿里，这种独特的价值观管理完全融入绩效考核体系中。按照马云的原则，对于"野狗"，无论其业绩多好，都要坚决清除，而业绩不好的"小白兔"，如果不能提升，也要逐渐淘汰掉，只有"明星"才是阿里巴巴最需要的。可见，对于阿里巴巴，价值观和业绩同等重要。

阿里巴巴内部有一本价值观手册，它非常详细地诠释了符合阿里巴巴价值观的行为方式。在员工的考核标准中"业绩占50%，价值观占50%"。然而对于"价值观"这种虚化的概念，要在考核中落到实处具有一定的难度。为此，阿里巴巴还建立了相应的机制和系统，帮助实现价值观的真正落实。

在马云眼里，最不能容忍的就是"野狗"，其次就是"小白兔"。因此，对这两类人，无论他的职位有多高，能力有多强，一旦违背了团队的原则，马云就会毫不手软地将其扫地出门。"卫哲离职事件"就是一个鲜明的例子。马云曾就这件事在内部邮件中写道：过去的一个多月，我很痛苦，很纠结，很愤怒……但这是我们成长中的痛苦，是我们发展中必须付出的代价，因为，我们别无选择！我们不是一家不会犯错误的公司，我们可能经常在未来判断上犯错误，但绝对不能犯原则妥协上的错误。

如果我们今天没有面对现实、勇于担当和刮骨疗伤的勇气，阿里将不再是阿里，坚持102年的梦想和使命就成了一句空话和笑话！这个世界不需要再多一家互联网公司，也不需要再多一家会挣钱的公司。

"心越善、刀越快。"这是马云在内部讲话中对"卫哲离职事件"的定位。

对于这次离职事件，马云的助理陈伟曾讲述了这样一个细节：那是2011年2月21日的下午，阿里巴巴集团召开了组织部门全体人员大会。会议之前，看见B2B总裁卫哲以从未有过的疲惫之态走出了马董的办公室。就是在这次会议上，董事长马云宣布了"同意卫哲辞去B2B总裁职务的请求"。

马云的这次"整风运动"，是由一句"他妈的"引发的。2011年1月，马云上网收邮件，看到一位女员工在邮件里随口说了句："他妈的，我还在看一个案子，个别员工可能涉及欺诈问题。"马云说他当时好奇：什么案子会让一个女孩子说"他妈的"？一番了解后马云觉得这件事没那么简单。在一次会议结束后，集团立即决定成立一个小组来调查。

马云认为，这也是他最大的忧虑之一：企业的价值观处在衰败边缘，员工更多的是考虑自己，而不是消费者的利益得失。他自责在金融危机高峰期雇用了5000名员工，他认为公司实际上不需要如此多的员工，甚至没有培训如此多员工的能力。

于是，马云巧妙地把一个本来可能酿成危机的"总裁离职事件"，转变成了一个传达价值观的"秀"。2011年4月，马云在2011中国绿色公司年会上表示：给卫哲最好的礼物是一道伤疤，之前卫哲身上挂满了勋章！

马云说："公司越大越要靠文化来治理，制度也是为了强调文化。在这件事情上，我是最痛的，比谁都痛。"中国的企业在成长的过程中一定会遇到类似的问题，任何企业成长的过程中，都要经受这一关的考验。

马云认为，管好队伍最重要的是超强的领导力，而领导力的核心在于你要以感恩的心态去做、以敬畏的心态去做，同时你今天所做的是为了明天。所以，今天我们说卫哲离职这件事，不是因为卫哲犯了什么错，也不是因为我们昨天出了什么错今天去弥补，而是为了防范未来再出现这样的事，你才会做这样的事。如果我开除一个人，只能拯救一个人，如果开除只能是教育一个人，就别开除了；但是如果开除一个人能够拯救一百个人，应该立刻开除掉。

第八章

留人：让阿里人笑着干活

让新员工迅速融入阿里团队

人性化管理是一门管理的艺术。企业的生命在于人力，企业的最大资产是人才。这一理念是提升企业凝聚力、建设企业文化的最重要准则。秉承这一理念，众多企业建立了自己杰出的团队。一个领导者亲和力的大小，是判断其领导力的重要指标。一个优秀的管理者，不在于自己有多大能力，而在于其确定的方向是否正确，能否号召大家一起努力。一个企业如何用好人，绝非小事，它直接影响着企业人力资源的开发和效益的增减。

企业的发展需要员工的支持。作为团队的领导者就应该懂得，员工绝不仅是一种工具，其主动性、积极性和创造性将对企业生存发展产生巨大的作用。而要取得员工的支持，就必须对员工进行激励，调动员工积极性是管理部门的主要功能。建立有效的激励机制，是提高员工积极性、主动性的重要途径，要做到这一点，首先就要懂得抓住人性的本真——满足员工的需求。

抓住人性的本真！这并不是一个空泛的口号，而是阿里巴巴自创立以来一直自上而下践行的人力资源管理的精神内核。

对于员工，马云曾有段话这样表述：我们对进来的员工都给予他们三样东西，一是良好的工作环境（人际关系）；二是钱（今天是工资，明天是资金，后天是每个人手中的股票）；三是个人成长。第三点是非常重要的，公司要成长首先要让员工成长，人力资源不是人力总监一个人的事，而是从CEO到每个员工都要认真对待的事。要让员工成长是件很困难的事，这需要很长的一段时间，我们还要做到帮助刚进来的员工融入我们这个团队。在马云的带领下，在他抓住人性本真思想的践行过程中，阿里巴巴的人力资源管理不断折射出人性的本真光芒，绚烂而朴实。

马云告诉所有人：阿里巴巴的团队已经能造血，并且有信心战胜一切。这为持续发展102年的企业这个目标打下了基础。

阿里巴巴最早的价值观只需6个字便可概括：可信、亲切、简单。最突出的企业文化就是校园文化和教学相长。在这里，员工、上下级之间和同事之间都像同学一样相称，除了中英文名之外，阿里巴巴的每一位员工还有一个花名，比如，马云的花名就是风清扬。这样一种文化使得学生从学校进入公司后没有那种巨大的落差。阿里巴巴组织的一些培训让刚刚走出象牙塔的学生有了一个很好的过渡，使他们能够在工作中学习，他们的心理情绪变化都受到了关注。

马云讲过这样一个故事：一位刚毕业参加工作的员工和女

朋友总是有矛盾，情绪不好，工作干不下去，于是他呼吁身边的同事谁有经验能分享，让他成熟一些。正是这样的文化氛围让更多毕业生不断涌入阿里巴巴。员工心理情绪是我们最关心的，他们的专业能力总有一天会具备，但如果没有人关心他们的心灵成长，他们有一天可能会走掉，会在工作的高压下变得迷茫。

对阿里巴巴18000多名员工来说，学习发展从来都是自己的事，公司只是平台与工具的提供者。所以在这里员工自己要想清楚要什么、困难是什么。阿里巴巴2009年开设的三个培训班就是结合公司当下实际应运而生的EQ为零班、自我中心班、简单粗暴班。公司的业务近年来不断飞速扩张，需要大量管理人员补充进来，于是一些能力很强的员工迅速被提升到领导管理岗位，但这些速成人才初任领导者却面临着不同的管理难题，比如技术出身的管理者管理风格单一，处理事情简单化，智商很高但情商不够，缺少跨部门合作和沟通能力，EQ为零班正是为这部分人群设计的。

当你传递的是一种美好的情感时，对方也会还以动人的微笑。抓住人性的本真也就抓住了管理的核心，这样才能凝聚一批愿为之奋斗的人。

如何才能抓住人性的本真，主要有以下几点：一是为员工安排的工作内容必须与其性格相匹配；二是为每个员工设定具体而恰当的目标；三是对完成了既定目标的员工进行奖励；四是针对不同的员工进行不同的奖励。

在2012年，阿里巴巴集团真正实现了"三个人干五个人的活，拿四个人的工资"的理念，并且超额完成年度各项指标。在马云看来，工资是公司发给每个岗位的报酬。他在邮件中表示，"2013年，我们将会对很多岗位加工资"，除了应对物价因素外，更重要的是"公司对你的岗位有了新的更高要求"。他鼓励那些待在暂时没有调薪的岗位的员工，"提升它的作用和价值"。同时，马云也称，"有增必有减"，如果能力达不到要求可能会被减薪。

而特别红包的发放原则更是体现了长远性这个原则。阿里集团表示，今年阿里巴巴的13薪，员工人人都有，特别红包发放原则同样是人人有份，金额主要根据员工在阿里贡献的年份多久而定，以鼓励员工在公司里长期发展。而年终奖则与往年的评定标准一致，取决于员工的业绩和效能。

用独特的股权激励制度刺激员工神经

激励机制是指通过一套理性化的制度来反映激励主体（企业）与激励客体（员工）相互作用的方式。如何使个人目标与公司目标尽可能保持一致，需要有激励机制的引导和约束。建立规范的激励机制需要关注两个方面：一是突出激励机制的完整性和规范性；二是针对不同层级、不同发展阶段的员工制订差异性的激励方案。

公司如何建立自己的长效激励制度一直是不少创业者思考的问题，阿里巴巴集团很早就发展了自己的股权激励制度，经过马云等阿里高层的发展和研究完善，阿里集团制定出了一个"受限制股份单位计划"，这个制度很像创投模式中的Vesting条款，员工逐年取得期权，这样有利于保持团队的稳定性、员工的积极性，也能为阿里的收购大局提供筹码。

"在行权之日，第一件事先交税！"阿里巴巴的员工都知道，当你要借一大笔钱交税的时候，多半是你股权激励变现的钱，可以交购房首付，或是买高配置SUV车。而阿里的中高层，每到奖励日，更是向属下大派红包。

其实，在阿里内部关于股份相关的激励措施有一个共识——奖金是对过去表现的认可，受限制股份单位计划则是对未来的预期，是公司认为你将来能做出更大贡献才授予你的。

在阿里巴巴集团的股权结构中，管理层、雇员及其他投资者持股合计占比超过40%。根据阿里巴巴网络的招股资料，授予员工及管理层的股权报酬包括了受限制股份单位计划、购股权计划和股份奖励计划三种，但对外界来说，如何获得、规模几何则扑朔迷离。在阿里，员工一般每年都会有奖金发放，年终奖或者半年奖都有可能。也就是说阿里巴巴的员工每年都可以得到至少一份受限制股份单位奖励，每一份奖励的具体数量则可能因职位、贡献的不同而存在差异。

无论是在曾经上市的阿里巴巴网络，还是在未上市的阿里巴巴集团，受限制股份单位计划都是其留住人才的一个重要手段。

员工获得受限制股份单位后，入职满一年方可行权。而每一份受限制股份单位的发放则是分4年逐步到位，每年授予25%。而由于每年都会伴随奖金发放新的受限制股份单位奖励，员工手中所持受限制股份单位的数量会滚动增加。这种滚动增加的方式，使得阿里巴巴集团的员工手上总会有一部分尚未行权的期权，进而帮助公司留住员工。

阿里巴巴网络2011年财报显示，截至当年末，尚未行使的受限制股份单位数量总计约5264万份，全部为雇员持有。2012年，阿里巴巴网络进行私有化时，阿里巴巴集团对员工持有的受限制股份单位同样按照13.5港元/股的价格进行回购。

对于已经授予员工但尚未发放到位的受限制股份单位，则是在这部分到期发放时再以13.5港元/股的价格行权。

在整个集团中，除了曾上市的阿里巴巴网络较为特殊外，其他业务部门员工获得的受限制股份单位一般是针对集团股的认购权，而在阿里巴巴网络退市后，新授予的受限制股份单位也都改为集团股的认购权。

对于员工而言，持股本身并不会带来分红收入，而是在行权时带来一次性收益。假设一名员工2009年加入阿里巴巴集团，获得2万股认购权，每股认购价格3美元，到2012年行权时公允价格13美元/股，那么行权将带来20万美元收入。

除了留住员工，受限制股份单位还有另一个重要用途——并购支付手段。

阿里巴巴集团的并购交易中，一般现金支付部分不会超过50%，剩余部分则以阿里巴巴集团的受限制股份单位作为支付手段。这部分支付的受限制股份单位是从期权池中拿出来，用于未来的员工激励、并购等。员工离职的时候，尚未发放到位的股票期权也会重新回到期权池中。由于员工获得的受限制股份单位会滚动增加，直至离职的时候总会有部分已授予但未发放到位的期权。

一位曾参与阿里巴巴并购项目的人士说，通常阿里并购一家公司协议价是2000万人民币，那阿里只会拿出现金600万元，而1400万元则以阿里4年受限制股份单位的股权来授予。而这一部分股权激励，主要是给并购公司的创始人或是原始股东的。据说，这也是马云并购公司的先决条件之一。

阿里巴巴团队不仅拥有独特的股权激励，同时在激励制度上坚持了五大原则：

原则之一：激励要因人而异

由于不同员工的需求不同，所以相同的激励政策起到的激励效果也会不尽相同。即便是同一名员工，在不同的时间或环境下，也会有不同的需求。由于激励取决于内因，是员工的主观感受，所以，激励要因人而异。在制定和实施激励政策时，首先要调查清楚每个员工真正的需求是什么，并将这些需求整理归类，然后制定相应的激励政策，帮助员工满足这些需求。

原则之二：奖惩适度

奖励和惩罚不适度都会影响激励效果，同时增加激励成本。奖励过重会使员工产生骄傲和满足的情绪，失去进一步提高自己的欲望；奖励过轻起不到激励效果，或者让员工产生不被重视的感觉。惩罚过重会让员工感到不公，或者失去对公司的认同，甚至产生怠工或破坏的情绪；惩罚过轻会让员工轻视错误的严重性，可能还会犯同样的错误。

原则之三：激励的公平性

公平性是员工管理中一个很重要的原则，员工感到的任何不公的待遇都会影响他的工作效率和工作情绪，并且影响激励效果。取得同等成绩的员工，一定要获得同等层次的奖励；同理，犯同等错误的员工，也应受到同等层次的处罚。如果做不到这一点，管理者宁可不奖励或者不处罚。管理者在处理员工问题时，一定要有一种公平的心态，不应有任何的偏见和喜好。虽然有些员工可能让你喜欢，有些你不太喜欢，但在工作中，一定要一视同仁，不能有任何不公的言语和行为。

原则之四：奖励正确的事情

如果我们奖励错误的事情，错误的事情就会经常发生。奖励得当，才能种瓜得瓜。经营者实施激励最犯忌的，莫过于他奖励的初衷与奖励的结果存在很大差距，甚至南辕北辙。

原则之五：及时激励

不要等到发年终奖金时，才打算犒赏员工。在员工有良好的表现时，就应该尽快地给予奖励。等待的时间越长，奖励的效果越弱。

用足够的上升空间留住优秀人才

晋升是指员工向一个比前一个工作岗位挑战性更高、所需承担责任更大以及享有职权更多的工作岗位流动的过程。其目的是提升员工个人素质和能力，充分调动全体员工的主动性和积极性，并在公司内部营造公开、公平、公正的竞争机制，规范公司员工的晋升、晋级工作流程。

阿里巴巴是一个拥有数万人的企业，之所以能够成功发展，留住员工，是与他们实施的员工"晋升三步走"模式分不开的，其具体内容如下：

一、晋升第一步，跨入"优秀行列"

员工工作满一年，即会对一年的工作业绩进行综合考评。考评的标准尺度一定要绝对客观公正，部门业绩排名前10%的员工即跨入"优秀行列"。每年进行的年度考核都为员工提供了发展的机会，这里没有工作资历深浅的限制，大家机会均等。跨入"优秀行列"并不意味着他们可以获得晋升（不论是职务的晋升还是职级的晋升)，因为他们还须接受挑战任务，就是完成积累所必需的专业知识并达到要求的水平。比如说，要从业务代表成长为业务主管，那他所要获得的新的专业知识将涉及销售管理、培训、考核、电脑操作水平等。同样，如果要从业务主管成长为销售经理，则所要获得的新的专业知识将涉及市场营销、基本的人力资源管理技巧(如招聘、员工关系处理等）、基本财务知识、基本法律常识等。这个积累过程没有时间限制，唯一的条件是必须使自己的绩效保持在"优秀行列"之内。

所要积累的专业知识可由以下三条途径获得：第一，自己购买或借阅公司相应的书籍，利用业余时间自修；第二，申请参与公司组织的相关培训；第三，通过相关的职业资格考试获得认可的资格证书。

在员工认为自己已完成相关专业知识的积累后，向人力资源部门提出测试考核申请，由人力资源部门组织这些员工在他们认为合适的时候进行基础知识的综合测试，通过测试则可以进入下一阶段。采取第三条途径获得资格证书的员工可以同等视为通过了综合测试。没有通过测试的人员，原则上要半年后才能再次提出测试申请。实际上员工完成这一积累过程的进度有所不同，这与他们的学习能力有关。其余尚未跨入"优秀行列"的员工，说明他们还需要在目前岗位上继续锻炼提高，但大门始终向他们敞开。

二、晋升第二步，"横向交流"的实习

完成了专业知识理论的积累后，员工可通过"横向交流计划"的方式获取其他相关部门专业领域的实践工作经验。人力资源部门开始为这些员工制订"横向交流"计划，确定实习部门、实习辅导员、实习内容、实习方式、实习时间、实习评估。在人力资源部门与相关部门完成协调后，员工正式进入实习阶段。实习部门将安排一名指定的辅导员，指引他完成整个实习过程。实习的内容主要是熟悉了解该部门在组织中发挥的作用、主要工作内容、工作流程、工作指标要求、现有部门制度。

采取的实习方式上，有条件的岗位可以上岗锻炼(如业务岗位、培训岗位、生产岗位等)，条件受限制的岗位可以采取真实模拟（如编制某项财务预算、编制基本财务报表、制订市场规划、整理法律文件材料等）。实习的时间长短根据岗位的不同灵活确定，一至四周都可以。实习结束，员工撰写实习报告、实习体会，辅导员给出实习评定，交人力资源部审核、备案。实习评定通过者证明不仅掌握了对目标岗位所应具备的相应理论基础，同时拥有了基本的实操经验，可以进入下一阶段的考察。对于没有通过评定的人员，将由辅导员、该名员工和人力资源部一起提出改进目标和计划，并形成书面备案，原则上要半年后才能再次提出实习申请。

三、晋升第三步，"代理人"的考察

员工在具备了相应的专业、知识、理论和基本的实践经验后，不能就此断定他就一定能胜任目标岗位的工作，因为仅有理论和经验还不能说明他具备了必要的管理能力。如何考证？必须对他的管理能力要有所预知。"代理人计划"就是一个有效的预知途径。

通过第二步考核，符合资格条件的员工，将安排在本部门内轮流暂时代理上一级直属领导的部分职能，除了决策性的审批权限外，其他计划、组织、协调、控制职能可根据他的表现逐步放开。这个代理时期应根据不同的岗位级别要求来适当设定，可以设置两至八周的时间。直属领导和人力资源部门在此期间对他的表现进行观察，在必要的时候参与指导、纠正。代理期结束后，代理人做出书面自我评定，直属领导给出《代理期工作评价》，人力资源部门进行审核评定。如果代理人达到了该岗位的各项基本要求，说明他已成为了一名代理岗位的候选储备人才，在相关岗位空缺的时候，他将得到晋升候选人的资格。如果代理期结束，该员工没有达到该岗位的基本要求，直属领导、人力资源部和这名代理人，应共同进行仔细检视，分析他在哪些管理能力方面还有欠缺，这些方面应如何加强，采取怎样的途径得以改善，制订出一个改进计划，以便在下次机会来临时能有更好的表现。

如果某岗位出现了一个空缺，而只有一个晋升候选人，则他顺理成章地可以实现晋升，但如果有多名晋升候选人竞聘一个空缺职位，则在这些候选人中确定第一候选人、第二候选人或第三候选人，优先晋升第一候选人。每年都会有数个岗位出现空缺，因为企业的大部分层面都应保持一定的更新率和淘汰率，只有这样才能使企业各个层面的员工保持较高的素质。当然会出现这样的情况，即几个候选人竞聘一个空缺职位，剩下没能晋升的候选人怎么办？还会有下一批新成长起来的候选人加入进来。其实这种情况对企业而言正是一件好事，因为在该层面上充分实现了储备人才的供给。没有得到晋升的员工，可选择等待下一次机会，也可选择离开本企业到其他企业去继续新的职业发展。

阿里巴巴"三步走"的晋升机制具备以下几大优势：

1.晋升制度透明，员工机会平等。值得一提的是，员工跨入"优秀行列"之后，所有的申请都是直接向人力资源部提出，这样避免了其直属领导对于该员工职业发展的干扰，消除了员工的顾虑，所以制度非常透明。

2.有效保障了人才培养的质量，减少企业因用人不当而造成失误的发生几率，同时也确保了员工得到真正的锻炼和提高，体现了企业对员工的爱护和责任心。

3.建立起了内部储备人才库，使员工在组织内部有足够的成长空间。

4.创造出良好的工作氛围和竞争氛围，使员工坚信只要努力工作，做出良好的业绩，企业就会给予他向上发展和提升价值的机会，这样将使员工更加有积极性和动力投入工作。

5.即使没有得到晋升的合格候选人，离开企业发展的比率也不高。因为，员工更关注一个企业的工作环境。在这样的企业，真正对员工的负责正体现在对他的培养上，即使现阶段没有空缺的职位给他，但并不意味着下一次没有，如果他获得晋升之后，在新的工作岗位通过一两年的锻炼，再次跨入"优秀行列"，意味着他将继续获得企业对他的更高层次更全面的培养，而这样的机会不一定能在其他的企业获得，所以，此类员工因初次未实现晋升目标而离开企业发展的比率不会太高。

6.使员工由被动培训转变为主动培训，并自主进行必要的投资，减轻了企业培训投资的压力。如员工可以有三条途径积累专业知识，购买书籍自修和参加职业资格考试都需要员工对自己进行投资，而企业对他们投资主要体现在为胜任岗位所必需的特殊技能培训和员工因离岗培训付出的时间薪酬成本。这样，员工的培训就成功实现了由企业和员工共同投资的最优组合。

归根结底，企业应根据自身的性质，建立符合企业发展的人才培养战略，晋升机制是这项战略的主要实现方式。不论采取怎样的模式，把握一个根本点就是真正做到关心企业每一个员工的职业生涯发展，并为此提供必要的条件和创造合理的环境，负责任地培养企业的每一个员工。

让每一个阿里人感受到关怀

团队精神是高绩效团队中的灵魂。简单来说，团队精神就是大局意识、服务意识和协调意识"三识"的综合体，反映团队成员的士气，是团队所有成员价值观与理想信念的基石，是凝聚团队智慧、促进团队进步的内在力量。团队精神的核心是合作协同，目的是最大限度发挥团队的潜在能量。所以说，团队是一种精神力量，是一种信念，是一个现代企业不可或缺的灵魂。

在商场的打拼中，不管是领导者还是员工，都只有做到同舟共济，风雨同行，才能走出绝望的荒漠。没有永远的领导者，也没有永远的员工，领导者和员工在一起，不仅是在一起工作，更要在一起分享成功与失败。

曾任阿里巴巴总裁的马云就深谙此道，多年来一直与他的团队携手并进。马云总是以他的"伟大使命"来鼓励员工："这些梦想我从来没有改变，我希望你们也没有改变。未来，我们会发展得更快，我相信这一年中国的互联网将发生巨大的变化，这个变化是在阿里军团的带领下产生的。"

风雨同舟是精神上的面包，就如同古代打仗时我方拿的军旗一样，旗在人在，旗断人散。领导之于公司、企业也是如此，它是一个团队的精神支柱，更是在激烈竞争中，永远立于不败之地的核心力量。

假如一个公司在危难之际，作为领导者不能在第一时间里就与员工站在统一战线上，激励将士鼓舞三军，那么势必会使员工军心涣散，消极怠工。因为如果领导都不关心，那么员工就会产生"皇帝不急太监急"的消极心理，影响斗志。所以在一些特殊时期，作为领导者一定要起到表率作用，与员工风雨共济。

马云在创业时常对员工说的是电子商务的前景非常乐观，但是未来电子商务的发展不仅仅是客户数量、服务质量，更重要的是技术。所有阿里巴巴的员工都应该和他有同样伟大的梦想，只有同舟共济才是取胜之道。

阿里巴巴发展神速曾经让马云的团队欢跃不已，但未来无法预料，如果有一天一个巨大的危机袭来怎么办？对此，马云很有远见地向员工呼吁："未来两年不管发生什么事情，希望大家都能留下来。我们还很年轻，时间不等人，我们必须边跑，边干，边调整。将来公司会保持10%的员工淘汰率，但只要不是罪不可恕，我都欢迎你们回来！"这番话不回避困难，而是直接告诉员工，让员工参与进来，一起解决。马云的目标只有一个，那就是让全体员工团结得像一个人，一起向同一个目标奋勇前进。马云成功点燃了团队全体成员的士气和激情，吹响了奋进的号角。

诚如马云所说："创办一个伟大的公司，靠的不是领导者而是每一个员工。我不承诺你们一定能发财、升官，我只能说——你们将在这个公司遭受很多磨难，但经历这一切以后，你就会知道什么是成长，以及怎样才可以打造伟大、坚强、勇敢的公司。"

很多知名公司都有打破团结走向分家的先例，比如蒙牛与伊利、上海四人组解散自己创建的公司，等等。不过马云的阿里巴巴却从没有走向歧途，在公司运营上从来没有听到不和谐因素，破坏这种安定团结的良好局面。这与他的个人魅力不无关系。在遭遇危机时，马云总是能站在第一线与员工共同捍卫公司的生死。这种风雨同路、同舟共济的精神让每一个员工感动和振奋。正因为这样，阿里巴巴在市场的汪洋大海中，依然如一艘乘风破浪的"航空母舰"，勇往直前。

那么，从阿里的团队精神，我们能学到什么呢？

一是要有一个卓越的领导。一个优秀的团队少不了一名出色的领导，统帅素质的好坏很大程度上决定团队的战斗力的强弱，企业领导要有个人魅力、有感召力，要有眼光、魄力和胸怀，要有协调能力和凝聚力，更要善于倾听、善于决策。阿里巴巴的飞速发展，则得益于马云这位卓越的领导人。

二是建立有效的沟通机制。与员工沟通必须把自己放在与员工同等的位置上，"开诚布公""推心置腹""设身处地"，否则因大家位置不同就会产生心理障碍，致使沟通不成功。沟通应抱有"五心"，即尊重的心、合作的心、服务的心、赏识的心、分享的心。具有这"五心"，才能使沟通效果更佳。尊重员工，学会赏识员工，与员工在工作中不断地分享知识、经验、目标，分享一切值得分享的东西。阿里人的幸福感，很大的程度都在于阿里建立了良好的内部沟通渠道。

三是团队必须形成有领导力、决策力、实施力的不同层次上的一个强强联合体。如果不是最佳组合就难以在竞争中发挥协作性。不同的市场竞争形态对这个团队与人的知识和素质有着不同的要求，这就要求这个团队中的每一个人在不同的层面上对自身行业动态具备一定的了解和研究。阿里巴巴的发展壮大，正是他们团队强强联合的结晶。

四是从人的心理角度出发培养团队灵魂力量。从心理学的角度，如果要改变一个人的行为，有两种手段：惩罚和激励。惩罚导致行为退缩，是消极的、被动的，法律的内在机制就是惩罚。激励是积极的、主动的，能持续提高效率。适度的惩罚有积极意义，过度的惩罚是无效的，滥用惩罚的企业肯定不能长久。惩罚是对雇员的否定，一个经常被否定的雇员，有多少工作热情也会荡然无存。雇主的激励和肯定有利于增加雇员对企业的正面认同，而雇主对于雇员的频繁否定会让雇员觉得自己对企业没有用，进而雇员也会否定企业。阿里之所以能够始终立于不败之地，则与员工树立以企业为家的观念分不开。

五是不断赋予团队灵魂新的内涵。团队灵魂，作为企业的特有文化优势有着一以贯之的深刻内涵，如信念、士气、作风等。这些东西任何时候都不能丢、不能变。但团队灵魂的内涵并不是僵化的、一成不变的。随着世界工业经济变革的发展，传统的企业理念正在发生变化，团队灵魂的内涵也有了新的拓展。因此，在企业经营战略管理中，仅有"个人能力"是远远不够的。我们要从"国际视野""系统能力""智勇谋略"上去培养企业团队灵魂，努力打造一批具有"国际化管理"素质的优秀人才，使企业不同层面的人才在实施技能、知识积累、应变能力上适应时代发展的需求。不断创新，就是阿里人团队的灵魂。

不挖墙脚，任人去留

在人才高度流动的今天，尤其是在高科技行业，"挖墙脚"是非常普通的事情。为了能够挖到，尤其是从竞争对手那里挖到"人才"，有些企业不惜重金，甚至使用给予期权等杀手锏。

马云对此不屑一顾，非常鄙视。他说："我们绝对不会这么做。我们不但绝对不允许自己的公司挖竞争对手的人，同时也不允许我们的猎头挖；同时也强烈鄙视、排斥和谴责竞争对手挖我们的人。"

从管理学角度来看，"挖墙脚"的确有它的好处，能够暂时解决公司优秀人才缺失问题；招聘人员没有"历史包袱"，不会被原先环境所限制；有利于平息和缓和内部竞争之间的紧张关系；能够给组织带来新鲜空气。

但是任何商业上的事情都没有绝对的完美，我们来看看它的不利方面：挖来的人不熟悉组织的内部环境，缺乏人事基础，需要一段时间去适应；组织者对招聘者的所有个人情况不能够深入了解；容易造成对内部员工的打击。权衡二者之间的利弊，可以发现值得"挖墙脚"的理由并不很充足。

马云在任何时候都非常自信，他不怕任何对手，他甚至不看他们，更不会费尽心思地去研究，更谈不上"下套子"去"挖墙脚"。马云知道世界上最难战胜和超越的是自我，战胜了自己，就等于战胜了一切。他说："我认为真正的竞争还是和自己，所以我们不去研究竞争对手。只有研究明天，研究自己、研究用户，才是根本、才是往前看。研究对手只会伤害了你，因为你把你自己的强项丢掉了。"这是一个靠智慧竞争的时代，而不是一个靠狡诈竞争的时代。

马云不仅要求阿里巴巴不做"挖墙脚"的事，同时也不允许自己的员工被任何的猎头挖。当然，马云对"挖墙脚"存在着如此强烈的鄙视、排斥和谴责也不是没有理由的。

2005年"雅巴联姻"的时候，马云还没有从成功的喜悦中缓过来，此起彼伏的"挖人"电话就给了他当头一棒。几乎所有的雅虎中国的员工都接到了"猎头"的电话。马云感到了事态的严重："好像全世界的猎头公司这几天都出现在这个公司。"虽然，马云最后凭借阿里巴巴的价值观稳定了自己的队伍，但这件事情还是让他记忆犹新，使其从此在是否会从其他公司挖人的问题上，有了绝对否定的观点。

马云曾这样说过："从竞争对手那边挖过来的人，如果他说出原来公司的秘密，他就对自己的旧主'不忠'；如果他不说，他就对现在的新公司'不孝'；即使不让他说原来公司的秘密，他工作中也会无意识地用到，这样他就'不义'了。'挖人'不符合阿里巴巴的价值观，我们不希望挖过来的人变成'不忠、不义、不孝'的人。"除了"不挖人"，马云在管理自己的团队的时候还坚持"不留人"的原则，即对辞职的员工不作挽留。因为马云认为，员工提出辞职，基本上是想好了才说出来的，这时候挽留是没有太大必要的。

对于留不住人的问题，马云认为，要反思的是老板。老板没有珍惜员工，员工自然不会珍惜产品。我们永远要明白，你的价值和产品不是你创造出来的，而是你的员工创造出来的，你要让员工感受到——我不是机器，我是一个活生生的人。

老板要思考有没有倾听过员工的想法，如果员工基本的生活保障都得不到满足，他在这儿工作没有得到荣耀、没有成就感、没有很好的收入，要他为你而骄傲，不可能！所以我觉得问题在老板身上，你真心服务好员工，员工就会真心服务好客户。

君子爱"才"，取之有道。一个优秀的人对于一家公司，尤其是创业者来说的确是很重要的，甚至是举足轻重的。

但是，如果优秀的人才不能够和企业有着共同的使命感、价值观，就算得到重用，对于企业的发展也未必是好事。大多集体跳槽的团队原因有三：一是由于薪水待遇的提高；二是对原公司有种种不满；三是企业的成长空间不能够给自己带来大的发展潜力。

因此，要防止别人挖自己的"墙脚"，就要从这几方面"查漏补缺"，这样才能够留住人才，以免由于别人的"恶性竞争"而导致自己的事业受到伤害。

第九章

用团队打天下，不靠个人英雄

让适当的人处在适当的位置上

科学研究发现，人类有400种优势。这些优势的数量并不重要，重要的是你应该知道每个团队成员的优势是什么，之后要做的就是将团队的协作建立在团队成员的优势之上，搭配成最有力的组合，使团队的力量达到最强！

让适当的人处在适当的位置上，承担适当的责任是非常重要的。这种团队管理观念并不高深，却是阿里巴巴在发展过程中逐步积累，并在犯过许多错误的基础上才总结出来的。比如在创业早期，阿里巴巴请过很多"高手"，一些来自500强大企业的管理人员也曾加盟阿里巴巴，结果却是"水土不服"，无法发挥应有的作用。对于这种过错，马云用了一个十分恰当的比喻："就好比把飞机的引擎装在了拖拉机上，最终还是飞不起来一样，我们在初期确实犯了这样的错。那些职业经理人管理水平确实很高，但是不合适。"在阐述了企业必须用对人的道理之后，马云接着强调了团队自身提高的重要性。

我们知道，团队中的个体都存在差异，每个人性格不同、能力不同、对事物的认识看法也各有不同，但团队合作就是要让不同的人走到一起，让各有所长的人发挥个人的优势，为团队谋取利益。团队精神的形成，其基础是尊重个人的兴趣和成就，设置不同的岗位，选拔不同的人才，给予不同的待遇、培养和肯定，让每一个成员都拥有特长，都表现特长，而这样的氛围越浓越好。

在给予每位成员都能拥有自我发挥空间的同时，更重要的是还要破除个人英雄主义，搞好团队的整体搭配，形成协调一致的团队默契，还要努力使团队成员彼此之间相互了解，取长补短，如果能做到这一点，团队就能凝聚出高于个人力量的团队智慧，随时都能造就出不可思议的团队表现和团队绩效。引用马云曾说过的话："给一辆拖拉机安上了波音747的引擎，只要一启动，拖拉机根本无法承受，甚至会粉身碎骨。"一个优秀团队所需要的人，是不是"海归"，是不是来自名校名企这些都不重要，重要的是是否有热情，对该团队涉及领域是否感兴趣，是否是一个踏踏实实做事情的人。团队需要的是做，需要的是结果。"多深的水养多大的鱼"是团队选人用人的明智选择，让每个人身在其中都有所作为。

阿里巴巴的领导者十分关注自己的员工，并将他们当作客户来看待，所以每个员工都能充分地发挥自己的优势，这才使阿里巴巴的事业蒸蒸日上，越来越兴旺。

马云在谈到培养人才之道时说：人才是可以培养出来的。什么是"培"？"培"就是多关注他，但也不能天天去关注，因为一棵树，水多了死，水少了也死，如何关注也是艺术。什么是"养"？就是给他失败的机会，给他成功的机会，你要看着，不能让他伤筋动骨，不能让他一辈子喘不过气来。正因为马云深悉用人之道，所以能充分地调动员工的积极性。

马云独特的用人之道，对于企业调动员工的积极性具有极大的作用，主要表现在以下几个方面：一是实行民主管理，不要做统治者；二是尊重员工，通过沟通达到激励效果；三是善于引入竞争机制，激发员工的内在动力和自身素质的提高；四是有效解决员工的后顾之忧；五是大力奖励工作创新，对工作有重大贡献者应予以重奖。

对于"奖"和"励"马云赋予了不同概念："阿里信奉给结果付钱（奖），给努力鼓掌（励）。"所以他认为，奖金不是福利，不可能人人都有，也绝不可能大家都一样。他说，"奖金是靠努力挣出来的，是需要超越公司对你的期待才能获得。我们鼓励创新尝试，我们欣赏有价值的失败，但我们奖励坚持拿到结果的努力。"

建立共享共担的团队而不是精英团队

马云说过，"造就一个优秀的企业，并不是要打败所有的对手，而是形成自身独特的竞争力优势，建立自己的团队、机制、文化。我可能再干5年、10年，但最终肯定要离开。离开之前，我会把阿里巴巴、淘宝独特的竞争优势、企业成长机制建立起来，到时候，有没有马云已并不重要。"

"我比较喜欢唐僧团队，而不喜欢刘备团队。因为刘备团队太完美，千年难得一见。而唐僧团队是非常普通的。唐僧有很强的使命感，他西天取经，谁都改变不了，不该做的事情，他不会去做的，唐僧是一个好领导，他知道孙悟空要管紧，所以要会念紧箍咒，否则孙悟空这种人他很有可能就变成'野狗'。公司里面最爱的是这些人，最讨厌的也是这些人。其实猪八戒很重要，他是这个团队的润滑剂，你别看他很'反动'，但是他特幽默，公司没有笑脸是很痛苦的公司。这四个人若是没有猪八戒，我都不知道这本小说怎么写下去。猪八戒小毛病多，但不会犯大错，偶尔批评批评就可以。沙僧则需要经常鼓励一番。这样，一个明星团队就形成了。"

在马云看来，一个企业里不可能全是孙悟空，也不能都是猪八戒，更不能都是沙和尚。"要是公司里的员工都像我这么能说，而且光说不干活，会非常可怕。我不懂电脑，销售也不在行，但是公司里有人懂就行了。"

毫无疑问，企业的发展，最重要的就是要打造一个优秀的团队。同时要坚信，你现有的团队就是最好的团队，而不能总是去羡慕别人的团队。其实，在一个团队里，不可能人人都是优秀者，十个指头都不一般齐，正所谓六人之中有人杰，七人之中有混蛋。团队里的每个成员因为各自的教育背景、文化程度不一样，对事物的认识、观点也同样有所区别。一个团队只能有一个马云，才能带领整个团队勇往直前，倘若有了几个马云式的人物，团队不仅不能前进，反而会成为一团乱麻。在一个团队里，必须有各种各样的人才，要有能说会道的，更要有特别能干活的，只要能做到人尽其才物尽其用，又何必苛求人才一致呢？但是在团队必须要求一致的东西——那就是共同的目标、共同的使命感、共同的价值观。所谓共同的价值观也就是价值观一致，做人的道理是一样的：比如永不欺诈、共同进步等。虽然在一个团队中他喜欢这个，你喜欢那个，这都没有关系，重要的就是要做到精诚合作，同心同德向一个目标去努力。

"团队合作"是阿里巴巴六大价值观中的一条，核心是共享共担、以小我完成大我。马云认为，一定要保持团队的复杂性，这样才能在各个方面进行互补。但是，有一点必须是相同的，那就是价值观。

哈佛大学商学院教授克里斯滕森就特别强调团队价值观一致的重要性：公司越大越复杂，"高管"就越应该重视对全体员工的培训，从而使他们独立确定的优先事项能够与公司的战略方向和商业模式保持一致。实际上，衡量管理水平优劣的一个关键指标就是，这种明确并一致的价值观是否已经渗透到组织的各个角落。

阿里巴巴之所以能够生存发展，并能兴旺发达，马云所倡导的团队精神居功至伟。这也是管理团队的重要诀窍。

以真诚来打造和谐团队

一个成功的团队需要和谐的人际关系，领导者与员工之间的和谐关系，管理者与员工、领导者之间的和谐关系对团队发展都起着至关重要的作用。一个成功团队打造的企业，要实现持续发展，就必须注重和构建和谐的人际关系，增强员工团队意识和协作意识，从而提升企业的凝聚力和战斗力，促进企业的全面发展。在当今市场经济的社会里，社会的竞争越来越激烈，对企业的要求也越来越高，因此企业的内部和谐显然比以前更为重要。只有处理好企业内部的人际关系，企业的发展才能正常，而能否处理好企业内部各方面的人际关系，将会直接导致企业的兴败。

马云在构建内部和谐的人际关系时，似乎并没有刻意地去做什么，而是出自至诚的天性，以率真坦荡的胸怀为公司上下赢得了和谐的环境。"阿里巴巴是个不穿衣服的公司，没有别的公司那样一层层的框架外套，剥开一层还有一层，我们这里一眼看到底。"一位部门经理如是说。

当然，能够构建马云团队内部和谐的主要因素，则表现在文化治心的理念和善待员工的举动上。正是因为如此，马云才能在收购雅虎中国时留住绝大部分雅虎中国的员工。当时，作为被收购公司，雅虎中国的员工对马云有一定的敌意，然而，马云通过各种方法，用实际行动化解了这些员工的敌意。

第一步，马云为雅虎中国的员工量身打造了"N+1计划"，其基本内容是：如果在一个月内，雅虎中国的员工选择了辞职，阿里巴巴会为他们提供"N+1"个月工资的离职补偿金，其中"N"指的是在雅虎中国的工作年数。而所有留下的员工，都可以获得阿里巴巴的股票期权。这项措施在阿里巴巴是史无前例的。

第二步，在2005年9月，专题举行了一场盛大的"回归"仪式：马云亲自带领雅虎中国600多名员工乘坐Z9次专列抵达杭州阿里巴巴总部；总部附近主要街道上，到处都是"欢迎雅虎中国同事来到杭州"的标语条幅；为雅虎中国同事提供特别准备的袋装早餐。这场仪式，让雅虎中国的所有员工真正感受到了马云和阿里巴巴的诚意，从而使大家从心底里认同了这次收购，并接受了马云和阿里巴巴。

第三步，杭州市政府亲自设宴招待阿里巴巴3000多名员工，为来自北京的雅虎中国员工接风洗尘。市长亲自祝酒，省委常委、市委书记等高级行政官员也纷纷发来贺信。当天下午，在浙江省人民大会堂召开的员工大会上，马云在雷鸣般的掌声中发表了激情洋溢的演讲，他张开双臂，高喊着："欢迎回家！"大会上，马云向雅虎中国员工庄严承诺："2005年12月31日之前，雅虎中国决不裁员！"

正是由于马云如此大手笔的感情投资，才让雅虎中国的员工感受了在阿里巴巴大家庭里，一切都是那么温馨。最终，马云以他的热情和诚意打动了雅虎中国的员工，留下了绝大部分员工，创造了收购史上的一大奇迹。所谓"得民心者得天下"，正是因为马云善待自己的员工，用企业文化来感染员工，阿里巴巴的团队才构建了牢固的内部和谐基础。

从阿里巴巴发展过程中，我们可以看出企业内部和谐的重要性。构建内部的和谐环境，需要坦诚做人、透明做事，主要从以下几个方面进行努力：

一、进行科学合理分工，形成企业合力。只有每个员工都明确自己的岗位职责，才不会产生推诿、扯皮等不良现象。企业是发展的，管理者应当根据实际动态情况对人员数量和分工及时做出相应调整。否则，队伍中就会出现"不拉马的士兵"。如果队伍中有人滥竽充数，给企业带来的不仅仅是工资的损失，而且会导致其他人员的心理不平衡，最终导致公司工作效率整体下降。

二、强化团结协作，增强企业战斗力。有分工就要有协作，只有协作才能使分工实现初衷。没有协作的分工不是真正意义上的分工，企业的内部环境是企业兴衰成败的根本性内因，企业高层管理者应抓住内部分工协作、权力划分及人文关怀等方面，着力营造和谐的内部环境，提高企业的合力、战斗力、张力和凝聚力。

三、坚持以人为本，提高企业竞争力。企业要想实现人本管理，就要了解企业自身的发展历程，从中发现并提炼出企业员工共同的价值观，以文化管理为主导，并与科学管理及经验管理相结合。以人为本，也就是要善待职工，主要包含三点内容：一是因才用人；二是以德服人；三是以情感人。

四、实行系统化、规范化、制度化，形成企业发展的动力。完善科学的管理制度是企业留住并有效激发员工潜能、提升企业竞争力的重要保证。企业应在实践中，结合具体情况不断建立并持续完善各种管理制度，形成科学的制度框架体系并加强其执行力度，为企业全面快速、健康持续的发展打下良好的制度基础。

五、构建和谐的人际关系，提升企业的凝聚力。在企业中建立起和谐的人际关系，缔造出和谐的内部环境，这种环境可以激发员工的士气，形成凝聚力和向心力，使员工的潜能得以充分释放，从而推进企业创新，促进企业发展。"尊重、至诚、团结"成为新时代众多企业凝聚人心、激发士气的价值理念，这些理念对创造和谐的发展环境发挥着越来越重要的作用。相互尊重相互信任的文化内涵，要求在管理中既强调员工要忠诚于企业，发挥职业精神，为企业持续创造价值，同时企业也要给员工创造持续发展的空间、对员工绩效给予科学的、公平公正的评价，以及为员工提供良好的培训机会和发展机会。员工在相互尊重相互信任的文化环境中可以保持愉快的工作心情，更好地开发自己的潜力。要努力形成和谐的工作氛围、形成一种凝聚力和群体的合力、形成一个和睦的大家庭，使员工感受到集体的温暖，对企业有依恋感、依赖感、责任感和共存感，从而产生强烈的使命感，为企业自觉奉献。

构建高效团队的相互信任

营造相互信任的组织氛围，是企业增强团队精神的必要因素。相互信任对于组织中每个成员都会产生重要的影响，尤其会增加员工对组织的情感认可。而从情感上相互信任，是一个组织最坚实的合作基础，能给员工一种安全感，员工才可能真正认同公司，把公司当成自己的家，并以之作为个人发展的舞台。

　　高效团队的核心首先表现就是团结一致，突出表现就是信任。信任是一种有生命的感觉，是一种高尚的情感，更是一条连接人与人之间的纽带。没有信任，团队合作无从谈起，也就无从拥有团队精神。因此，团队精神的一个特点是，团队成员之间相互高度信任。领导者需要在团队内营造相互信任的组织氛围，这是打造高效团队最基本的要求。

　　用透明营造信任，乃是阿里巴巴成功的法宝之一。阿里巴巴创业之初，规模还很小，人员不多，他们建立的信任基础十分简单而直接，就是靠争论、"吵架"获得的。那个时候，在公司内部产生意见时，沟通的方式就是短兵相接。双方面对面，有时还用手指指着对方鼻子，亮开嗓子大声呵斥道："我对你有意见，我就应该找你！"这种方式粗是粗了一点，或许还有些野蛮，可是不仅好使，而且还十分管用，有利于促进团队沟通、和谐，也为团队所接受。如果两人有了意见，你不去当面沟通，而是转弯抹角找到第三方，乃至在别人面前含沙射影地搬弄是非、挑拨离间，那么，这种人是团队所不欢迎的。最直接的办法，就是将这类人赶出团队。这个办法虽然简单实用，又便于操作，可是只适应于人数不多的小团体，18个人自然没有问题，如果这18人变成了180人、1800人或者是18000人时，这种方式可就显得力所难及、无能为力了。于是，更大的透明化举措正在逐步展开，比如马云的讲话、卫哲在董事会上的发言、股东大会，或者集团高级合伙人会议等，员工都能在内网上实时看到。

2010年1月12日，集团资深副总裁彭蕾甚至在内网上公开了自己的年度关键业绩指标KPI考核分数、绩效考核排名以及总结出来的不足。对此，阿里人的评价是，"惊诧""佩服""我们的CPO（首席人力资源官）给所有人带了一个好头，开放、透明、简单、信任""在这种开放的氛围中工作，想用一个词来形容——敞亮！而这种心中的敞亮，是很多人选择留下的最大动力之一"。

除此之外，阿里巴巴的管理者也通过各种方式把决策过程向员工开放。比如，管理者公开述职、管理岗位的公开竞选而不是指定等。

阿里巴巴国际运营部2010年第一季度的管理者述职，就是面向所有管理人员以及自愿参加的员工代表的。业绩考核是在现场直接PK打分。另外，他们的一个新业务的负责人也是通过竞选得来的。这种透明化，在阿里巴巴国际网站运营部总监余向海看来，对管理者也是一种挑战。如果竞选上的人不是管理者们事先内心倾向的，说明管理者与员工的认识是有偏差的，那就要去纠偏，或者从管理者身上找问题，或者做好员工的沟通。纠偏后，在大家方向一致的前提下做决策，就会让人心服口服。

开放透明，让员工觉得这里是一个信息对称、机会均等的地方。一位在国际业务部工作4年的员工就认为，这家公司比他之前工作过的其他任何一家都更让人信任和放心。另一位员工则表示，这里人与人之间没有距离和隔膜，非常简单、非常开心。

团队内部之间的相互信任，使阿里巴巴步入了宽广的快速道。

要构建团队内部的相互信任，就必须做出以下努力：一是表明自己既是在为自己的利益而工作，也是在为别人的利益而工作；二是使自己融为团队的一员，用言语和行动来支持你的工作团队；三是相互之间开诚布公；四是坚持公平原则；五是充分地展示自己的才能。

用军队"政委"体系统驭阿里团队

如果你见到阿里巴巴的员工，你一定会惊叹他们对组织的热爱，他们对梦想的坚持。你会发现，无论他们职位、层级如何，都有一种共同的精神，这种精神不同于任何洗脑式培训带来的短期效果，而是一种长期共同奋斗沉淀下来的信仰。这就是企业文化的打造，这就是阿里巴巴独特的管理特色——政委的力量。

　　众所周知，政委制度是中国共产党领导的军队所实行的一种制度。1929年12月，红四军第二次来到古田，在古田溪背村召开了第九次党代表大会，也就是古田会议，解决了党和党的军队建设的根本原则问题。正是在这次会议上，毛泽东成功地对红军进行了深入的改革，建立了党对军队的绝对领导权。政委隶属于直属上级部队首长，在同级党委领导下进行工作。在政治工作上，服从上级政治委员、政治机关；在军事工作上，服从上级军事指挥员、政治委员和军事机关。谁也没想到，这种军队的管理体制，却被马云巧妙地引入了阿里巴巴的管理之中，并发挥得淋漓尽致。他在企业中形成的"政委体系"，成为阿里巴巴在人力资源建设的一个独放异彩的闪光点。

　　与军队政委只会抓思想政治工作不同，阿里巴巴的"政委"超过半数以上的，都是由具有丰富一线实战经验、懂得业务运作的人担任。这些"政委"们基本都是各个功能部门的2号人物，在文化建设和组织保证方面具有很大话语权和决策权。准确地说，各个功能部门的个性化运作方式，就是由各自部门的1号人物与"政委"一起决定的。"政委"是业务的合作伙伴，使命就是保证道德大方向、传承价值观、建设好所匹配的队伍。

　　在阿里巴巴B2B部门，最大的"政委"是集团副总这一层级，最小的"政委"设在了部门层级。总监以上层级，一个总监位置对称搭配一个"政委",覆盖总监的管辖范围;之下则是几个部门共享一个"政委"。

阿里巴巴的管理经验是:打造政委体系的第一个步骤就是定位。

遵照政委体系的管理规则,"政委"与业务主管的关系不能是一团和气,而是一种作用力与反作用力的关系。在阿里巴巴,"政委"是要站在相对独立于1号人物的客观立场,形成这个组织最大的、契合市场、契合发展阶段的最佳团队和文化特质。之所以要让"政委"在很多时候扮演反对派的角色,是因为快速成长中的阿里巴巴,每一块业务发展速度都太快,但并不是都很成熟,再加上业务主管本身也有一些是被"赶鸭子上架",有7分能力让他去做10分的事。这时,通过"政委"的不断提问和质疑,就能督促他们从更多维度思考管理问题,弥补管理经验的不足,在一定程度上降低快速提拔造成的管理风险。

在政委体系的末端,是一个个充满个性的敏捷组织,整个阿里巴巴的整合优势就显现出来。凭借这样的政委神经系统,阿里巴巴可以实现组织既像18个人那样的敏捷,又有18000人那样的强大。

阿里巴巴的"政委体系",从组织结构上分三层,最基层的称为"小政委",分布在具体的城市区域,与区域经理搭档;往上一层是与高级区域经理搭档;再往上直接到了阿里巴巴网站的人力资源总监，这位人力资源总监则直接向邓康明以及马云汇报。

人力资源资深副总裁邓康明介绍了人力资源系统里政委体系的建立，他说："'政委'里面最重要的是期待他们这群人能够帮助所在的业务部门形成他们自己的个性。"

邓康明介绍称，阿里巴巴的人力资源发展有三个阶段，第一个阶段重点在于强化职能，为此我们搭建了一套能够赖以发展基础框架的东西，包括薪酬体系、绩效考核体系、人员培养发展体系；第二个阶段重点就是打造政委体系，这大概花了两到三年的时间；第三个阶段有一些经常用到的关键词，就是遭遇战、作用力、反作用力。邓康明称"政委体系是贯彻从上到下到底想要什么的非常核心的组织保证"。

阿里巴巴集团CPO（首席人力官）彭蕾说：在阿里巴巴考核这一重要的打分制度中，"大政委"充当着不可或缺的角色。每个员工的分数都是由直属上司来评定的，一旦遭到员工质疑，后者需要给出强有力的说明。但为确保客观性，上司的上司也被要求在评定表上签字，对分数的准确性负责。同时，每个业务部门都对应着一个人力资源。这些"政委"的任务是负责观察业务之外的情况，看"士兵"的状态是否好，以及"司令"对"团长""连长"的沟通是否到位。比如，有人打分太紧，有人就太松。我们是希望通过这样一个体系，来保证判断是公平客观的。

如何在企业层级增多、跨区域发展成为趋势的情况下，在一线员工中保证价值观的传承，同时在业务和人力资源培养方面提供更快捷的支持？马云为此思索了很久，政委体系显然是个不错的主意。

在彭蕾看来，"政委"尽管没有太多的权力去干涉"司令"的业务决定，但却可以在这个决策下帮助"司令"审视自身的组织能力，查看整个队伍是不是充满了高昂的士气，是不是有心态上的不足。对于一个比较大规模的企业来说，这些至关重要。

而提高队伍士气的一个重要途径，就是借助员工俱乐部。阿里巴巴著名的"阿里十派"就由"政委"和员工共同"经营"。这部分"政委"隶属于HR中专门的ER部门（员工关系），他们的任务就是带领大家吃喝玩乐。就在2013年的"六一"儿童节，他们把公司的前厅布置成一个游乐场，组织有小孩的员工带孩子来玩。

从阿里巴巴的实践中，我们可以看出：政委体系并不只是适用于政治和军事，它具有一种普遍价值。当然，政委体系会产生新的委托代理问题，但这已经可以使企业管理产生一次质的飞跃了。我们有理由说，马云正带领着阿里巴巴向一个强大的公司迈进。

第十章

会沟通，管理问题就解决了一半

沟通零距离，才有团队凝聚力

管理从沟通开始，沟通从一定意义上讲就是管理的有效方式。企业塑造正确价值观的过程离不开有效的沟通。沟通渗透于管理几大核心要素的各个方面。所谓沟通是人与人之间的思想和信息的交流，是将信息由一个人传达给另一个人逐渐广泛传播达成共识的过程。

马云认为：不管什么时候，团队内部的顺畅沟通都是最为重要的，如同人体的血管组织，只有血流通畅无阻，营养方可四通八达，照顾每一个细胞所需，传达大脑的每一道命令。作为管理者，你必须有足够的方案去应付手下千奇百怪的思维，同时还有无所不能的信息获知手段。

马云非常重视和员工的沟通，并且他的沟通方式也是多样的。他关注员工的心理变化，也不断地把自己的想法告知员工。让大家始终记着公司的宗旨，始终斗志昂扬；让大家不自大自满，也让大家收心经得住诱惑；更让大家在关键时候做好变革的准备。因此，员工们就可以感到自己被重视，自己的声音被倾听，有了抱怨可以即时解决，有了想法可以及时表达，大家才可以安心工作。

在马云艰难创业的历程中，多次的化险为夷，巧渡难关，正是得益于他高超的沟通艺术。根据现代管理的要求，团队内部的沟通有四大原则，作为领导者只有把握了这四大原则，才能成为合格的团队领袖。

第一原则：团队思维

团队像一个人的大脑，它的整体思维是统一的，在做一项决策时，不存在多数战胜少数或少数超越多数的情况。团队思维是最完美的境界，虽然不易实现，但我们仍然可以看到，一些著名的世界级企业，它们在具体的沟通和决策中，总在尽可能尊重每一个人的意见，以达成团队思维的统一。

第二原则：团队语言

在一个团队中，对于人与人沟通的语言和方式，有着极为特殊的要求，你在工作或部门环境中，沟通时要避免情绪化和个人中心主义，使用大家都理解及熟悉的语言。马云的个人魅力所在，正是他与员工真诚直率的沟通。

第三原则：团队文化

团队文化是指团队成员在相互合作的过程中，为实现各自的人生价值，并为完成团队共同目标而形成的一种潜意识文化。正如马云在不同场合说过的："整个文化形成这样的时候，人就很难被挖走了。这就像在一个空气很新鲜的土地上生存的人，你突然把他放在一个污浊的空气里面，工资再高，他过两天还跑回来。"

第四原则：团队协调

团队协调就是能够正确处理团队内外各种关系，为团队正常运转创造良好的条件和环境，促进团队目标的实现。

马云很欣赏唐僧的团队，唐僧的团队之所以成功，是因为唐僧具有很强的团队协调能力，他懂得制定目标，懂得因人而用，懂得适当的鼓励和惩罚。更重要的是，唐僧给团队成员一个很明确的目标，一份好的价值理念（统一团队的价值观和好的团队文化），让每个人都明白这是在为某个目标而奋斗，而不是简单地理解成徒弟为师父打工，或为一份薪水打工。虽然，唐僧也有不足之处，比如他不精于专业，忽视团队成员的能力素质培训，在小事情上往往表现出犹豫不决，缺乏足够的魄力和前瞻性，但在项目管理上，他却做得很好，使团队达成了目标。

总之，有效沟通是打造成功团队的重要保证之一，要做到有效沟通，就得把握简洁、完整、条理化三个特征。这样，才可以让自己的信息被人理解。在沟通的过程中，一定要把握住简洁明了、完整性、条理化，这样才会获得成功。

把握住了这三个特征后，还得掌握内部沟通技巧，诸如沟通从工作出发，要遵循制度和流程，需要开宗明义，并要征询对方意见，不仅要提出个人建议，还要听取对方反馈等。

马云在与员工沟通未来战略时，向员工发出公开邮件，坦承："阿里从来不是一家追求热点的公司，成立15年来，我们放弃了短信、门户、游戏……一心一意专注于电子商务。"他也进一步指出，正是这种坚持和努力，才得以让电子商务成为当下大家追逐的热门对象。

很多时候，引导比命令更有效

在给别人讲道理的时候，很多人都很强势，总是用不容置疑的口吻给对方下命令，让对方必须去做，这种做法是不好的。要知道，坚定的语气可以让人更相信我们，但不容置疑式的强悍就有些过头了，会让听者反感，觉得自己被人小觑了。

因此，阿里公司强调，在与员工沟通时要不时地变换思维，在说服别人跟自己一起做一件事的时候，要学会引导。要把自己的愿景和想法讲给别人，同时也要将自己的愿景为什么能够实现，自己的想法为什么有道理讲给别人听。当然，更重要的是，要告诉对方，跟我们一起对他们有哪些好处。只有给对方充分的理由，然后加上坚定的语气，才能够让对方真正接受我们，从而愿意跟我们去做。

那种单纯地，极其强势地用命令口吻去跟别人讲话的方式是最不可取的。哪怕面对的是自己的员工或属下，也多半不会有好的效果。对方或许会因为我们职位更高而不当面反驳我们，但内心中一定是有抵触情绪的。从而在工作的时候大打折扣，所谓在我们面前点头，在我们背后偷懒，多半是因为此。

所以，还是要说理和命令结合，这样才能有最好的效果。

下面我们就看看马云是怎么做的。

我有一个想法和要求，希望在座的每个人，不管你以前干什么的，我们都正视互联网，欣赏互联网。这个东西真奇怪，我们以前搞死也搞不过它，越来越搞不过它，我们还很弱小，我们到现在为止没有超过100亿美元市值的公司，你说能成为世界级的伟大公司吗？人家都搞到1700亿了。但是不等于不存在互联网的精神。

我为什么去做阿里巴巴？因为互联网的文化是一个生态链，互联网绝对不可能成为几个超级大网站独霸的天下。海洋里面不可能只有几条鲸鱼、鲨鱼，而没有大量的虾米。没有小的东西，鲨鱼、鲸鱼都会死掉的。阿里巴巴必须要有生态链，我们必须为将来自己生存的环境而发展。

无数的中小网站、博客、论坛，这些不活下来的话，我们鲨鱼会死掉的。为这些环境做事情的时候，你这个企业会做得更强大。阿里巴巴要感谢中小型网站，如果没有中小型网站，那么，当新浪、网易门户封杀的时候，淘宝就没了，至于赚不赚钱，我们 forget it（不必在意）。

今天阿里巴巴有这个能力做一些围绕着战略做的事情，战略永远是重要而非紧急的事情，但生态环境是很重要也很紧急的事情。

马云开头的第一句话，便是有命令意味在里面的，不过并不强硬，更重要的是，紧接着不是下达具体的命令，而是告诉人们为什么要执行这个命令，他的道理在那里。这样的讲话方式效果就会很好。它是引导式的，而不是粗暴强硬式的。

人或多或少都有些自负情结，因此当听到别人粗暴强硬地命令自己的时候，总会觉得不舒服，从而产生抵触情绪。我们要做的不是用更加强硬的方式将这种抵触情绪压制下去，而是用其他的办法将之消灭。最好的办法就是命令和引导相结合，让它根本就没有出现的机会。

要知道，让别人按照我们的意愿做事，并不是让别人成为我们的附庸，而是拉上别人一起去做一番事业。因此，切不可以摆出自己是老大的架势来，用不容置疑的口气跟别人说话。

那样是摆错了自己的位置，同时也背离了我们的初衷。

要多学习马云这类具有良好演讲才能的人说话，然后多多借鉴他们的讲话方式，让我们也成为讲话高手。到那时候，自然可以很好地说服别人，并不让对方产生抵抗情绪了。

营造危机感，让员工更有干劲

从说服的角度来讲，命令不如引导，而引导则不如让他们发现危机。很多人不懂这个道理，只是用命令的方式让别人听命于自己，以为这样够强势，是最好的办法，其实这是效果最差的做法。

一般来说，想要让自己的员工更加有干劲，想要说服他们努力去工作，依靠太多的工作量，用自己的权力压着他们做是不好的。这样的做法，就是命令式的做法。这会让员工陷入疲惫，同时也容易激起他们的反抗情绪。从而让员工走向懈怠，最终不仅没有实现自己的目的，反而适得其反。

另一种做法就是利益诱导了，也就是类似引导的做法，这样的做法是有效的，用利益去激励员工，他们自然就有干劲了，但是并不是最好的办法，最好的办法是让他们有危机感。

而在这点上，阿里的内部沟通做法就很值得学习，我们来看一下马云是如何跟员工沟通的。

我们的对手是世界一流的对手，谷歌是1300多亿美元的公司，拔一根毛出来不知道多少公司被打下来。我们中午在开会，英文站点技术人员才18个人，18个人在抗着谷歌这样的对手。

我们要求公司各个部门给英文站点提供强有力的支持，因为65%的营业额来自B2B，是这18个工程师在扛着。我们处在危机当中，必须在两三个月以内彻底扭转这个局面。阿里软件、淘宝、支付宝、雅虎中国，我们要抽调优秀的工程师到这个团队里面，特别是阿里软件，有多少工程师，举手给我看看？今天B2B老大第一个站到拳击台上，对不对？这是真正世界性的拳击台，马上要上去。

我们要配置好优秀的人才，要配置好优秀的肌肉，拳击套、牙套要戴好。阿里软件，抽你们的人，别说不。我们今天需要像志愿兵一样跨过去，淘宝、支付宝、雅虎，全部要有这样的心态。我们今天全力以赴派第一批志愿军进入到B2B，是为我们的国际网站。

明枪暗箭越来越多，QQ的实力大家都知道，百度的实力你们也知道，谷歌的实力也知道。阿里巴巴是

强大，但我们的对手也是世界一流、中国一流的。QQ
应该讲是世界一流吧，IM（即时通信）谁玩得过它！
谷歌是世界一流，百度股票涨到200多美元。告诉大
家，碰上优秀的对手，首先你很幸运。淘宝很运气，
阿里集团很运气，我们今天碰到的对手是世界一流的
对手，我们要学习他们、超越他们。

我想告诉大家，我们的模式并不比他们差。我认
为电子商务和互联网最强大的两大模式，第一个是门
户，第二个是搜索引擎。到目前为止，真正Web2.0商
业模式运用最好的，不是靠广告，而是靠交易赚钱，
就是Ebay和淘宝。

马云也给员工制造了危机感，不过不是来自内部的危机，
而是来自外部的危机。这样，不仅可以激励起公司所有员工的
豪情，更有利于大家结成一股力量，劲都往一处使。所谓当一
群羊不团结的时候，最好的办法不是给它们制定制度，而是在
它们的周围放一匹狼，就是这个意思。

从中我们可以看到，马云确实是一个管理高手。短短几
句话，便营造了一种紧张的氛围，同时能够激发员工的豪气，
让员工有上进的精神。确实，大家听了这番话后，想得更多的
就是，虽然我们的对手很强，但我们也不弱，既然大家都是强

者，那么就放手做一次，比个高低吧。

这样，人们的豪情就瞬间被激发出来了。这就是沟通高手的能力了，可以在不经意间便让别人受到感染，从而沿着他们制定好的道路一路向前。

言之有物，沟通不是要说起来没完

很多人喜欢长篇大论，这不是不可以，但要言之有物。只有有意义的话，才是该说的话，如果张嘴便是些无意义的空话，那么不如不张嘴。尤其是在给别人建议的时候，更是如此。

不过，道理上大家都明白，可是真正到生活中，我们还是往往会忍不住说些废话或者唠唠叨叨说起来没完。如果有这种习惯，那么就应该改掉了。要知道，真正的口才不是说个没完，而是言之有物。

马云就是一个言之有物的人。他的口才很好，可以说个不停，但是基本没有废话，而是能够在第一时间给人以有益的建议。这样就很好，会让人愿意跟你聊天、交谈。

关于马云的言之有物，他在《赢在中国》做评委的时候，给选手们的点评是最能说明问题的。马云总是能够看到别人的优点和不足，然后对他人的优点给予鼓励，对不足给予劝诫。

下面就是马云的一段点评：

    三场比赛我们都发现一个问题，没有资源的那些团队都赢了，而看起来可能会赢的团队全都输了。骄兵必败，商场上也一样，商场上很多东西看起来要赢，结果都输掉了，因为你不够重视。我们做企业的，每天都是如履薄冰，每一天，对每一个项目、对每一个过程都非常仔细认真。

    永远要把对手想得非常强大，哪怕对手非常弱小，你也要把他想得非常强大，这是商界犯错误时经常会说的话。

    面对新的强大对手，很多人常犯的几个错误是看不见、看不起、看不懂、跟不上，首先对手在哪儿都找不到，第二我根本看不起这些人，第三我看不懂他们怎么起来的，最后是根本跟不上别人。

    我觉得你们这个团队刚好犯了这些错误，你们觉得对手不如你们，你们觉得你们对市场很了解，对客户很了解。但事实上，你们讲得很对，输在轻敌上面，今后我觉得大家一定要注意。

    所以5号队友我也想讲，我在讲话过程中关注到，你比较以自我为中心，你作为领导者应该以别人

为中心，以客户为中心，不能说我做的都是对的，别
人可能都是错的。1号，当时牛总讲得非常好，你有没
有想过为什么团队很多人都没有把你当作一回事？

话不多，但句句都说到了点上。马云之所以能够做到这
样，就在于他善于观察生活，有一个喜欢思考的习惯。因为爱
思考，所以能看到别人看不到的东西，能够体悟出别人体悟不
到的道理。正因为这样，才能够言之有物。

其实，讲话的能力并不是天生的，而是可以培养的，关键
就在于如何去培养。真正的方式不是去研究各种说话技巧，那
样也会有所帮助，但效果并不明显。最好的方式是充实自己，
让自己成为一个有知识、有见解的人。只有胸有翰墨，才能言
之有物。

不要做空谈者，要试着说有用的话、有分量的话，只有这
样才会有更多的人喜欢我们。如果只是一味喋喋不休，那么早
晚会被人当成话痨，从而远离我们。

学习马云讲话，首先要学习的就是马云丰富的知识。只有
像他那样，不断地从外界汲取营养、充实自己，同时善于观察
生活，得出自己的结论，才能说出有质量的话来。

语言也是有讲究的，质大于量。真正的讲话高手，注重的
便是这个质，而不是不停地说，这一点要牢记。

践行企业目标，激励员工成长

每个人都有不同的性格，也有不同的说话风格。有些是和善的，即使批评别人的时候也保持一种优雅；有的人则是尖刻的，即使夸奖人的时候也会略显尖刻。其实，这些讲话风格，只要不对别人造成伤害也没什么不妥。但一个真正的讲话高手，必然是风格多变的。他们懂得在各种不同的场合讲各种不同风格的话。该柔和的时候柔和，该犀利的时候犀利，这样才是好的。

马云就是这样的一个人，他对员工有很高的要求，经常在员工大会上讲话时毫不留情面，但他也有温情的一面，会去鼓励员工。这就是马云的高明之处。在员工因为自身原因懈怠的时候，就要批评他们，激起他们的斗志来。如果因为外部的大环境不好，而导致大家对事业没有信心的时候，就要去鼓励，只有这样才能让员工们重拾战斗的信念。

在一次公司内部讲话中，马云告诉员工们：

> 我今天不想总结地说，我们一定要往这边走，而是和大家一起探讨一些思想。
>
> 还有就是我们以前讲的实力，我今天看到标语上这么几个字，"勇气和坚持"。我以前讲过，实力就

是抗击打能力，你怎么打我我都不倒。在这里面可以看到实力是一种勇气和坚持。为什么你有勇气？就是我们所说的"艺高人胆大"，我敢走。

勇气是因为你"艺高人胆大"，而坚持是因为你有"使命感"。你可能比别人看得远，你看到的角度别人可能没有看到，所以你坚持走下去。在勇气和坚持这两个词里面，上升到一个高度就是，勇气是在压力面前还敢不敢坚持，坚持往往是在压力和诱惑面前，你敢还是不敢。这是领导者很重要的一个东西。

压力压得大，比方说SARS(非典)爆发的时候，整个阿里巴巴我们都感觉到天要塌下来了，明天要把我们的门关了。我们阿里巴巴从来没有比这个时候体现出更强大的领导力。当时我们说不能忘记客户，我们还是要往前走。那个时候真的有点像外星人打地球，一场fight(战斗)。

除了压力，还有诱惑，昨天我和卫哲在讲，路演的时候，按照我们的资金、所有的认购量，1800亿美元的无底价订购，我们真的可以在18块、19块左右轻轻松松地卖出去，多卖一块钱，我们就能多拿一亿美元，就可以多一个阿里巴巴江对岸的园区，13万平方米。在这个诱惑面前，你还是不是坚持你的使命感？

很多人在诱惑面前软掉了，在压力面前弯掉了。

其实领导力的最后实力是在于勇气和坚持。真正的将军是在特别的时候才看得到的将军。大败敌军，掩杀过去的时候，这个将军的勇气和领导力你是看不出来的，撤退的时候才看得出来谁是优秀的将军。撤退的时候，在压力面前、在诱惑面前，你敢于做到理想不减，你就是优秀的将军。

淘宝5年不收费，一个是我们要实现我们的承诺，另外一个，我们知道B2C、C2C的市场很大，要抢占制高点。在这个诱惑面前，在压力面前，偏偏有人在说，哎呀，阿里巴巴是不是不知道怎么挣钱了？你们好傻，等等。So what（那又如何）？因为你看得更远，因为你知道你的使命不是挣点钱，而是创造100万的就业机会，改变无数人的命运。所以我们说"不"，继续往前。勇气让我们知道自己的使命。要认清自己，但不是狂妄。

马云的这几段话是为了鼓励员工们不要被外界影响而丧失斗志。这就是马云，总是能够找到最好的应对方式，用自己的语言激励员工们成长。

我们也总会遇到这样那样的人，他们会向我们求助。有的时候是对方走进了牛角尖里，这时候就要尖刻一点，将他们骂醒。但是如果真的是对方遇到了自己所不能左右的情况，我们就要给予鼓励。很多时候，鼓励别人也是在激励自己，我们可以从他们身上看到自己的不足，对我们也是一种提高。更重要的是，我们的鼓励给对方提供了正能量。能够帮助别人总是好的。看着他们一点点地坚强起来，我们也会有很强的成就感。

一个人要想获得更多的朋友，要想得到更多的支持和认可，就要懂得在不同的环境中变换不同的语言表达方式。永远用符合那个环境的方式去讲话，这样才能收到最好的效果。

"没有你们，我怎能如此优秀"

目前是一个讲究合作的社会，我们只有跟别人协同合作才能让自己的理想一点点实现。在这个过程中，如何去面对合作伙伴，这一点很重要。

有些人很自负，总是觉得自己很厉害，觉得自己无所不能，从而看不到别人的作用，眼里也没有别人的付出。这样是不好的。一个真正聪明的人，不仅会向别人介绍自己的功绩，更会将合作伙伴的付出告诉众人。这样，不仅能让众人对你的团队有一个清楚的认识，也会让合作伙伴感到舒心。

不管什么时候，都不要将所有的功劳都记在自己的头上，那样是不好的。在一个合适的场合，给人讲讲朋友的故事，告诉别人自己的朋友、伙伴们曾付出过多少。这样不仅会让听者觉得你是一个懂得感恩的人，朋友、伙伴们知道后，也会更加信任你。

在一次接受访谈时，有人提问马云，马云在回答的时候，就表现了自己对合作者们的感恩与热爱。

杨达卿：我们曾经做了一个调查，很多淘宝的卖家，他可能不是依赖于产品本身，而是依赖于物流差价赚取费用，比如说一件衣服，它在淘宝上挂着快递费用10元，实际上它最终给物流商的可能是6元，而这个差价造成好多淘宝卖家一个依赖性。今天阿里巴巴提出1000亿的计划，而且在200～300亿投入的仓储系统，阿里巴巴或者淘宝凭借话语权优势怎么营造好的游戏规则？

主持人：总而言之，是觉得你抢了别人的饭碗。

马云：我们没想抢合作伙伴的饭碗，阿里生态系统有今天是无数快递人员的点点滴滴的努力造就的。我的职责和我们的目标是投下去所有的钱，让这些人受尊重，让这些人的生活条件好。11月11日，光淘宝一天的促销导致的包裹就达到7800万个，因为特别感动，我第二天请了物流公司的老板吃饭，我问他们怎么做到送出去的，他们说他们把家里所有快递人员，把自己的太太、儿子、女儿、外婆所有的人员都用出去了。这是中国的奇迹，所有人去想象191亿奇迹，7800万的包裹，每一天还有2000万的包裹加进来，居然没有瘫痪。送出去了，这是更大的奇迹。我由衷地尊重他们。我投资物流，是让他们活得更好，当然，活得更好不是分钱，只要能用钱解决的问题都是小问题。我希望制造业赚钱，消费者有好处，中间的服务提供商能赚钱，而不是被那些传统的流通领域所垄断。我们做的是消费流通，我们希望消费流通，迅速影响到消费制造，再由生产制造改变生活方式。

我听见有公司说招两万名快递人员，他是做电子商务的，我是挺为他着急的，我觉得这样的是要死的。必须让社会上其他人活好，帮你服务的活好。如果服务得不好，你可以请更好的。

马云没有大谈特谈自己的阿里巴巴和淘宝，而是告诉大家快递从业人员们有多辛苦，他们付出了多少。这便是给自己的合作伙伴打广告了。这样一来，不仅让人们了解了淘宝是如何做生意的，从而对淘宝有一个更加全面的认识，同时也是对快递从业人员们的付出的一种肯定。这种不表扬自己而表扬他人的做法，就是一种感恩的做法。

我们总是会碰到这样那样的人，他们会在不经意间给予我们足够的配合和帮助。对这些人，不要忘记，也不要认为他们的所作所为是必须的，是理所当然的。在适当的场合，在话题合适的时候，告诉众人他们曾经做过什么，给他们一个正面的、合适的评价。这样不仅提升了我们自身的格局，也能为我们赢得更多的尊重和认可。

做人不要总是想着自己，一个完全活在自己世界里的人是可悲的。只有打开怀抱，用自己的心包容更多，能看到别人的付出，懂得感恩的人，才是真正能够得到别人永久认可的人。

当然，更重要的是，要把这份恩情表达出来。不要将其放在心里，觉得我的心里有就可以了。要把感谢的话大声说出来，要让别人知道自己身边的人曾付出过多少。这样，我们的朋友才会更愿意跟我们交往，我们的伙伴才会更愿意跟我们合作。

没有人喜欢一个自大、总把功劳归于自身的人。既然如此，就不要去做这样的人，更不要说这样的话。多讲讲别人的好，其实是为我们自己好。

第十一章

卖产品更要卖品牌

"西湖论剑"，剑走偏锋

2000年9月10日之前，马云和他的阿里巴巴已经取得了高盛500万美元以及软银联合几家投资的2000万美元，可以说网站的发展在资金上已经不存在太大的问题了。但是，由于当时的马云和阿里巴巴的低调以及B2B、C2C模式的特殊性，使得阿里巴巴在互联网领域的名气并不高。此时风头正盛的是新浪、搜狐、网易这三大门户网站，与之相比，阿里巴巴可谓名不见经传。

在资金到位后，马云考虑最多的是如何提高阿里巴巴现有的知名度。于是，他决定通过举办一次大型活动来宣传阿里巴巴，以此来提高阿里巴巴在互联网"江湖"中的地位。

那么，该搞个什么样的活动呢？马云以及阿里巴巴的员工冥思苦想却不得其法。就在这时，马云灵光一现，突然想起了他非常喜欢的武侠小说《射雕英雄传》，在金庸的这部武侠作品中有一个经典桥段——"华山论剑"。于是，一个非常大胆的方案就此诞生——马云决定模仿"华山论剑"这场汇集了天下武林高手的比武盛会来办一场"西湖论剑"，邀请网络江湖中知名"门派"中的掌门人前来参加。

马云的"西湖论剑"已经想好了自己想要邀请的人选：新浪的王志东、网易的丁磊、搜狐的张朝阳以及8848的王峻涛等。

谁来主持这个聚会呢？

马云首先想到的就是金庸。华人皆知的金庸是绝对的成功人士：办报、媒体经营，很成功；生活、爱情，很丰硕。"网络是商业、网络是生活，金庸目光的穿透力是不多见的。年轻的互联网需要指点。"马云这样认识。

基于这样的认识，马云立刻开始行动。最终，经过多方努力，金庸接受了马云的邀请，由此，一个互联网与武侠文学"混搭"的盛大party（聚会）拉开了序幕。

2000年9月10日，74岁的金庸来到西湖，前来赴会的还有新浪的王志东、搜狐的张朝阳、网易的丁磊、8848的王峻涛。与此同时，由于这些名人的到来，闻风而来的还有上百名来自各地媒体的记者。

第一届"西湖论剑"主题是："新千年、新经济、新网侠。"

开场白自然是金庸："我最近和张朝阳先生讲一件事。有一位老先生在几千年前，在钓鱼的时候用直的鱼钩，愿者上钩。这就是说他本意并不想骗人家上钩的。后来这位老先生慢慢走到东方，走到杭州，他不钓鱼了，他拿一个网撒下去，愿者上网。他不是故意骗人家上网的，愿意的就上来吧。有一次鱼在水里游，张朝阳先生看见很高兴。我当时问张朝阳，张朝阳你不是鱼，你怎么知道鱼快乐？张朝阳说，你不是我，你怎么知道我不知道鱼快乐呢？所以今天这个会，我第一想表达的是：西湖上网，愿者上网，大家都快乐地谈。"

提出"网侠"的概念，把网络与江湖扯到一起，让中国网络江湖化也许是马云有意为之。因此，在那次大会上，五位掌门人谈武侠多于谈网络。

当然，网侠论剑必然要论到网。会上谈到网络盈利模式时，王志东概括出四种：广告、收费、佣金和提供解决方案。其他三位不置可否。马云则表示："看得清的模式不一定是最好的模式，看不出你怎么赚钱的模式说不定最好。"当时的马云心中的赚钱模式也许还未找到。

第一次"西湖论剑"之前，"三大网站""三大掌门人"的说法是有的，但并无"五大网站""五大掌门人"之说。而"西湖论剑"之后，"五大网站"和"五大掌门人"自然而然被业界和社会接受，虽然阿里巴巴当时的实力与前三名网站的实力相差不少。

因此，从效果来看，"西湖论剑"使名不见经传的阿里巴巴走上了台面，使其品牌影响力得到了巨大的提升。马云这一步棋可谓是一次非常成功的营销。

2010年9月份，第六届"西湖论剑"在杭州开幕。此次"西湖论剑"与往届已有较大不同，除了是与网商大会一同举办外，以往的论剑主角互联网大佬此次集体缺席，换成了一些传统企业巨头纷纷亮相，与阿里巴巴套近乎。

五年前，在"西湖论剑"论坛上，马云宣称阿里巴巴的目标是"中国老大"。五年之后，马云说我们很平凡，阿里巴巴未来十年将会休养生息，让阿里巴巴平台上的中小企业以及所有卖家"互相循环起来继续发展"。与往届"西湖论剑"的受邀嘉宾多为互联网巨头不同，马云手中的筹码吸引来了众多传统企业巨头。前来参会的联想集团董事长柳传志说："现在我看到马云，都要率先报以微笑，并主动握手。"

越来越多的传统企业开始注意到网购市场。阿里巴巴提供的数据显示，目前互联网上的商品已经达到数十亿件之多。仅以淘宝网为例，截至2010年8月，淘宝网在线商品数量超过5亿件，并且每天新增1000万件。淘宝网每天的交易额达到9亿元，在一分钟之内，淘宝网上至少可以卖出969件服装、203双鞋、164件饰品。

当然，在这次论坛上，马云也不忘借名人来进行品牌营销。他请来时任美国加利福尼亚州州长、好莱坞动作巨星阿诺德·施瓦辛格，时任美国驻华大使洪博培等人来做主题演讲，吸引了众多媒体，又一次成功地将阿里巴巴品牌以及"网商"概念进行了传播。

娱乐营销打造品牌

2005年11月9日，在阿里巴巴成功收购雅虎中国三个月之后，马云在北京宣布，他将雅虎在中国七年的门户网站形象全面颠覆，成为全新的搜索网站。马云对外宣称，雅虎就是搜索，搜索就是雅虎。门户变搜索！马云，这位中国互联网行业的狂人在收购雅虎中国后，再次做出了不同凡响的惊人之举（虽然后来转型并不成功，但在当时，可谓互联网一大新闻）。

那么，如何为雅虎搜索造势呢？在当时，湖南卫视"超级女生"的火爆升级，让其赞助商蒙牛也随之唱响中国每一个角落。马云无疑是看到了娱乐的巨大的营销价值了。

于是，2006年新年伊始，马云宣布雅虎中国将投入3000万元巨资，邀请陈凯歌、冯小刚、张纪中三大著名导演，以"雅虎搜索"为主题各自创作一个视频广告短片，演绎和诠释全新的"雅虎搜索"。一个广告短片1000万，这是中国互联网有史以来最贵的广告。

2006年9月28日，雅虎中国在北京为陈凯歌的《阿虎篇》、张纪中的《前世今生》、冯小刚的《跪族篇》广告片举行首映式，为这场营销秀画上了一个阶段性的句号。

从效果上看，雅虎搜索的这次大手笔营销不能算是很尽如人意。比如在陈凯歌人文色彩浓郁的《阿虎篇》中，贯穿其中的一只小狗令人印象深刻。由此，这一广告片竟然被很多网友认为是"搜狗"的广告片，认为陈凯歌收了搜狐的钱，这当然可以认为是网友的恶搞和戏谑。

尽管有褒有贬，但无可否认这三个广告片达到了马云想要的传播效果。当时雅虎在全球搜索市场有相当高的认知，但雅虎中国却一直被人们认为是一家门户网站。马云想把雅虎中国的业务转型为搜索，就必须迅速扭转公众的固有认知，其营销的第一任务就是昭示公众：雅虎中国做搜索了。显然，大手笔、大投资、大导演，都是短期内能聚焦公众眼球的营销元素。

可以说，联手三大名导拍广告片这种带有很大程度的娱乐营销是马云为雅虎中国准备的一条锦囊妙计。马云明白，在这样一个娱乐至上的年代，谁要是搞好了娱乐，谁就能吸引住用户的目光。

看过《天下无贼》的人即使没有注意到电影中到处飘扬的淘宝网的小旗子，也绝不可能忘记傻根这个角色。当时淘宝为还只是淘宝的网上支付工具的"支付宝"度身定制的傻根系列广告，借《天下无贼》的贺岁片效应吸引了众多时尚人群的眼球，无疑达到了良好的宣传效果。

随后，在与周杰伦首次的电影作品《头文字D》的合作中，"淘宝网杯"漂移大赛的活动也赢得了媒体极高的曝光度，将淘宝网有效地传递给追求时尚的受众，树立了淘宝时尚的形象。

　　由于淘宝本身是个人拍卖网站，与电影的全方位结合的特色之一就是能通过电影中道具的拍卖来增加网站的人气。在2004年年初的北京国际广播电视周期间，淘宝网通过独家拍卖电影《手机》里的摩托罗拉手机等影视道具，吸引了近百万网民点击参与。在与《天下无贼》的全方位深度合作中，一元起拍卖剧中明星使用的道具再次成为吸引网站流量的手段，掀起了不小的高潮。《韩城攻略》再到后来的《头文字D》，淘宝网以道具拍卖吸引了许多时尚、追星族的关注，有效地达到了市场推广和宣传淘宝理念的目的。

　　正如时任淘宝网总经理孙彤宇所言："联手《天下无贼》，不只是简单的市场推广活动，此举反映了淘宝网对国内个人拍卖市场走势的判断。"他认为伴随着网上个人拍卖竞争的不断升级，市场细分已经成为必需。淘宝网将进一步完善物品交易平台，在打造网络诚信的基础上，发挥淘宝个性化、时尚化优势，最大可能地推动和创造拍卖时尚、拍卖文化。

　　心理学家们可以辨认出五种购物经验：为娱乐而购物、为交谊而购物、为效率而购物、为价格而购物、为特殊功能而购物。而以淘宝的定位来看，其主要的目标客户群则在于那一部分为娱乐而购物、为交谊而购物的个人拍卖交易者。这一部分目标客户需要了解新鲜的时尚资讯，并且希望能够得到最为便捷的沟通，他们往往乐于展示自己，希望得到别人的回应。再者，从人的群体归属意识出发，几乎每一个网络用户都有以一种受控制的绝对安全的方式成为某个社区成员的根深蒂固的需要，在这种需要下诞生的是虚拟社区的建立。淘宝网看来是深深了解了客户的这些需要，从网页的设计到虚拟社区专栏的划分，再到淘宝旺旺的卡通表情，都体现了这样一种精神。群体归属感的重要性、沟通的强大力量可以从eBay易趣面对淘宝的步步逼进而采取的手段中得到侧面的了解。一直缺乏即时沟通的易趣在淘宝的压力下，收购了知名的聊天软件Skype。

淘宝网的网页采用橙黄色作为主色调，清新亮丽，能很快地抓住浏览者的视线。从首页画面来看，主要选择的是一些时尚、美容、数码等产品的图片，颇有一些时尚杂志的风味。而淘宝旺旺聊天工具中的夸张Q版表情，也为淘宝的娱乐化增添了活力。在淘宝，可以了解最新鲜的品牌资讯，包括服饰美容、家居饰品、时尚数码、美食旅游甚至是谈情交友，只要与娱乐有关，与时尚接轨的栏目可以说是应有尽有。这样的一种设计，满足了为娱乐而购物的客户获取时尚资讯，享受购物环境的需要。

在网络时代，有学者提出网络环境将会带来品牌塑造范式的变迁，这种新的品牌塑造范式可以称为I-branding，并且可以将其解释为网络品牌塑造、互动品牌塑造及个人品牌塑造的结合体。

从这种理论来看，马云可谓深谙网络传播时代塑造品牌的精髓，通过网络塑造品牌；利用虚拟社区及即时通讯的互动，让客户之间，客户与品牌之间进行情感交流；在沟通与交流中提供给客户展现自我的平台，让每个人发挥自己对于淘宝网品牌的认识，使其在情感上成为客户个人的品牌。也正是这样，马云和他的淘宝最终打败网络巨头eBay，取得了成功。

与媒体共舞，借媒体造势

从1995年创办"中国黄页"时起，马云就与媒体结下了不解之缘。创业至今，谁也说不清媒体给了马云多少帮助。可以说没有中外媒体的帮助，马云和阿里巴巴的成功是无法想象的。

而马云可能也是中国网站掌门人中最善于与媒体交往并利用媒体的人。借媒体造势是马云的拿手好戏。在阿里巴巴创业初期无钱做广告的时间里，马云正是利用中外媒体的访谈报道来为阿里巴巴公司做免费广告的。

《赢在中国》栏目，无疑是中央电视台经济频道2006、2007年度策划最成功的栏目，"励志照亮人生，创业改变命运"，激励创业、引导创业、点评创业、支助创业，迎着绽放的向日葵花，伴着悲壮雄浑的《在路上》主题音乐，其一次次把观众的眼球聚焦到创业的舞台上来，成就了一个个充满激情和才华的创业英雄，但绚烂的光环和鲜花过后，要问在这场创业人的饕餮盛宴中，谁是最大的赢家？是获得1000万创业投资金的宋文明，还是武儒兼俱的李书文，是睿智犀利的制片人王利芬，还是巍巍央视？我们的回答不是别人，而是——阿里巴巴董事局主席马云。

马云作为后信息时代互联网行业草根创业的领袖级人物，担任《赢在中国》两赛季首席评委，活跃在中国第一大媒体中央电视台经济频道上。他以独特的视角、幽默的语言、专业的分析、精辟的论述，牵动着万千观众眼球的旋转。马云在《赢在中国》的出色表现，可以说是其继阿里巴巴、"西湖论剑""收购雅虎"等一个个炽热的名词后，又一次在高空闪爆的礼花，也可以说是马云策划史上的又一次大手笔，这让马云和其麾下的国际化企业始终保持着火热的温度，马云和他创造的品牌将因此再度高速大范围传播和增值。

马云此次担任评委后还出版了《马云点评创业》一书，良好天然的题材，和参赛选手的思想碰撞，加上自身对创业感悟的多年积累，很短时间就成就了一部热销著作，这样的结果可能连马云自己都没有想到。还有阿里巴巴和雅虎中国作为赛事的官网支持，报名、视频搜索、新闻、评论、博客等链接给这个互联网企业带来了巨大的点击率和业务量。以上两方面给马云带来的直接和间接收益是不言而喻的。

马云取得的这些收益是首屈一指的，是同台其他企业家和创业才俊无法比拟的，他的做法总结成为一句话就是：巧妙地利用《赢在中国》这个舞台，成功地实现了其品牌的推广和扩张。

其实从一开始，马云就熟知一个互联网精英如何"与媒体共舞"的规则，并调度媒体为己所有。因此，所有的媒体报道中似乎如出一辙地为马云画了一副如此肖像：马云＝"狂妄、执着、疯癫"的互联网精英。可以说马云的"媒商"（媒介表现）非常高，他在为自己画出这一形象之后，旋即开始了"互联网疯子"的自我成就之路。

首先是在2004年年底的"中国企业家峰会"上，以独家赞助的名义为阿里巴巴与自己赢得了全场唯一的焦点。记得当天马云的亮相是引人注目的，接下来，他又成功获选"CCTV中国十大经济年度人物"，一夜之间，马云的形象由互联网侵入到中国观众的视野里。

马云个性语录也正对上了媒体的胃口，媒体需要的是一鸣惊人，马云更需艳惊四座，于是马云常常是"语不惊人死不休"。在大家都感叹互联网寒冬漫漫时，马云及时出语："互联网寒冬过得太快，如果可能我希望当时能再延长一年。"

当整个业界都苦苦寻觅"新的机会""新的可能"时，马云无所畏惧地高呼："CEO的主要任务不是寻找机会而是对机会说NO。机会太多，只能抓一个，抓多了，什么都会丢掉。"

当"互联网＝烧钱"一度是新闻舆论的主论调，谁敢说不，谁就是逆风行舟时，不管不顾的马云仍坚持"马"语："免费制是淘宝烧钱战术的一部分"，"我已准备了供未来五年烧的钱"！

马云为他个性的形象找到了一个有创意的媒介形象，正如他那个"挥着拳头，收紧两腮表达信心"的被多次传播的媒体形象，我们很难将之与陈天桥、丁磊或张朝阳相联系。还有他那个"一根手指头竖在唇前，睁大惊奇双眼"的造型，也使得"马云就是马云"，这个"互联网疯子"的形象不可能是别人！它被马云占据着，享用着，创造着……

危机公关决定品牌存亡

对于公司在经营过程中出现的失误以及之后应该如何进行公关，马云曾这样对创业者说道："千万别把灾难当公关看，出现质量问题千万不要觉得我可以通过告诉媒体'扳'回来，质量问题就是质量问题，必须把质量问题解决完毕，而公关只是一个副产品，由于你解决了以后它会逐渐传出去，而不能召开新闻记者答谢。错了、承认、修改，这玩意儿说大不大，说特大可以出生命危险的问题。"

"招财进宝"是淘宝网历时半年研发出来的，并于2006年5月10日新推出的竞价排名服务。它是淘宝网为愿意通过付费推广，而获得更多成交的卖家提供的一种增值服务。然而，淘宝的这个服务并没有获得人们的认可，还酿成了一次大的风波。在推出短短的20天内就有6000多名卖家在网上签名，声称要在6月1日集体罢市。

马云立即发表署名文章，就淘宝和淘友们沟通上存在的问题向卖家们道歉。与此同时，淘宝网还对"招财进宝"的价格进行了调整。

马云对此事进行了解释："由于淘宝网卖家增长非常快，推出这项服务是希望让新的卖家获得平等的竞争机会。但是，有的网友却认为淘宝此举恰恰违反了公平原则。"

"三年不收费的承诺我们不会改变，'招财进宝'并不是为了收费。目前淘宝有2800万件商品，不久甚至会有5000万件，如果按照商品上线的时间来决定商品的位置的话，那么后上线商品的交易概率将大大降低，淘宝希望通过这一服务维持正常的市场秩序，通过'看不见的手'调节优化市场环境。"

马云对此事非常重视。5月29日，他又在淘宝论坛上以"风清扬"的署名发了一篇帖子，特意对"招财进宝"再次解释。

　　马云认为，"招财进宝"受到抵制主要是因为推出之前与用户的沟通没做好。很多人在参与调查的时候还都没用过，一听说是收费，就认为凡是收费都是不好的。马云坚持称，"招财进宝"是个好东西，但事情发展却被扭曲了。

　　最终，马云提出，既然淘宝是大家的淘宝，那就发起投票，由大家来决定"招财进宝"的生死。6月12日，经过10天的网民投票，38%的用户支持，61%的用户反对，"招财进宝"被取消。这种通过网民投票的方式来决定一项C2C网站新功能去留的做法在互联网发展史上尚属首例。

　　在此次的危机中，马云并没有把此事当成一种公关的手段，而是以非常认真的态度对客户做出了解释，并采取了相应的行动——取消了"招财进宝"。但马云并没有泄气，他说，虽然"招财进宝"已经停止，但不排除经过完善后重新推出。

　　从某种程度上来讲，企业在经营发展过程中遇到挫折和危机是正常和难免的，危机是企业生存和发展中的一种普遍现象。那么如何建立一个有效的危机管理体系，从而能够成功地预防危机，处理危机，甚至反败为胜，在危机中恢复并得到发展呢？

　　1.未雨绸缪

　　建立专门的危机管理机构，做好危机预控。危机管理的目标不仅仅是"使公司免遭损失"，而是"能在危机中发展"。

很多企业没有危机管理预案，从而使企业在危机来临时手足无措、惊慌万分。从根本上讲，危机就其本质而言，是无法预知的。但是，我们可以在尽可能的条件下，在企业内部建立起一个职责清晰、权责明确的危机管理机构，对企业可能出现的各种危机进行预控，做好完善的危机管理预案。

2.第一时间发现，及时沟通

从危机事件本身特点来看，危机事件爆发的突发性和极强的扩散性决定了危机应对必须要迅速、果断。危机的发展具有周期性：酝酿期、爆发期、扩散期和消退期。与之相对应，危机的破坏性往往随着时间的推移而呈非线性爆炸式增长。因此，越早发现危机并迅速反应控制事态，越有利于危机的妥善解决和降低各方利益损失。

3.强化责任感，主动承担责任

危机发生后，公众关注的焦点往往集中在两个方面：一方面是利益的问题，另一方面则是感情问题。无疑，利益更是公众关注的重点。危机事件往往会造成企业利益和公众利益的冲突激化，从危机管理的角度来看，无论谁是谁非，企业应该主动承担责任。

4.内部统一口径，对外保持一个声音

一个组织只能发出一个声音，危机发生后，无论是最高层领导还是最底层员工都要发出同样的声音，不同的时间、不同的地点观点也要一致，否则公众就会认为你不可信。

5.关注媒体传播方式的变化，做好网络危机处理

与传统媒体不同，互联网以其极强的互动性和多样性颠覆了传统媒体的精英模式，将舆论话语权转移至草根阶层，在这个人人都有话语权的网络时代，将评价权交到近3亿的网民手中。在面对危机时，企业要把握好网络媒体的特性，从多个角度入手进行疏导，向各个利益群体及社会公众解释事实的真相，引导舆论向有利于企业的方面发展。

第十二章

拥抱变化，未来是设计出来的

大视野，提前布局移动互联网

马云曾说过：这是一个变化的世界，我们谁都没想到我们今天可以聚在这里，可以继续畅想未来，我跟大家都认为电脑够快，互联网还要快，很多人还没搞清楚什么是PC互联网，移动互联来了，我们还没搞清楚移动互联的时候，大数据时代又来了。

在过去的十年里，以马云为代表的中国互联网企业家，也许是最懂得变化、创新、战略之间天然关系的一代企业家。在技术挑战、社会制度、商业模式剧烈变化的端倪初现之时，从表面上看起来饱和的市场中找出一条可行的商业化路径，是这一代创业者获得成功的最普遍的方式。

在变化和革新中实现统一，这是所有渴望成功、创造奇迹的企业家选择的关键。事实上，企业应对变化所做的战略调整，本身就是系统的、有目标的改变。这在如今，是一种战略意识的卓越体现，甚至在某种程度上，是企业的最核心竞争力。能够从微小的调整中，看到长期变化的大视野，提前布局，才有可能在未来处于不败的地位。

在这当中，战略并购和风险投资是应对变化较为成功的一种方法。实际上，如今大部分的高科技大企业，都已经不再因循守旧，而是等待小企业大胆革新的苗头出现，待其商业化后，用并购的方式，将其整合到大企业的资源架构中，然后才利用规模优势，迅速占领市场。像马云在新浪和高德这种商业化雏形企业大快朵颐，正是战略性并购运作的大手笔。

事实证明，只有具备战略性的大视野，对微小变革保持敏感，才能应对未来的变化，让企业走得更远。

2013年5月10日晚，在阿里巴巴集团"淘宝十周年"大型晚会上，马云在演讲开始前，正式确认了他最后一单大生意，以2.94亿美元购买高德软件公司28%股份，成为高德地图绝对控股方。仅仅在十天前，阿里巴巴通过其全资子公司，以5.86亿美元购入新浪微博约18%的股份。在中国互联网史上，马云这两笔生意，不经意间都创造了历史。

4月29日，新浪旗下子公司新浪微博与阿里巴巴集团旗下子公司达成战略合作协议，这项高达35亿元的投资，是中国互联网历史上最大规模的资本交易。并购高德，则是中国网络地图市场上最大的一宗收购案。

作为中国最大的电商平台，马云的一举一动，都被看成是行业的战略风向标。联系新浪、阿里巴巴、高德之间复杂关系的这两项大手笔生意，对业内外都产生了不小的冲击。

首先是阿里巴巴和新浪的联姻，不少资深业界人士直呼

"想不到""看不懂"。微博上流传一张所谓内涵照片，一时间被无数人转发了：黄晓明、王刚等明星在用手机欢乐地刷着微博，一旁的马云露出某种类似"睥睨"的眼光。要知道，马云是2011年公开宣布退出新浪微博的最著名的公众人士。在VIE（协议控制）风波中，新浪微博堪称是阿里负面消息的最大来源平台，卫哲因此不得不辞职。竞争对手对淘宝的攻击，一度让马云有些手足无措，一年后马云说："我当时很生气。自从那以后，我就退出了微博。"

在外界的狐疑声中，"阿里浪"的时代最终来临，马云则坦然地对外界解释说："如果把微博拿来做电子商务，那我会被网民骂死，也会被时代骂死。"

此事之后，在业界形成了有"马后炮"嫌疑的四种观点：反制以美丽说、蘑菇街为代表的导购网站；阿里巴巴与新浪携手，互补短板，共抗腾讯；马云是在为淘宝社区化铺路；推出支付宝+微博的本地生活服务标配组合。

马云作为阿里巴巴CEO的最后一夜，高德地图收购一案之后，人们才重新发现阿里布局移动互联网的野心：这一年，阿里巴巴先后注资UC浏览器、美团、陌陌、丁丁优惠、在路上、快的打车、墨迹天气和高德地图，从阿里一系列的资本运作中可以看出，所谓"生态化"数据、系统来支撑的生态体系，可能正在长出新的"物种"——要根据互联网的变化，创新阿里巴巴的业务。

阿里的邵晓峰曾向王坚表述过马云所期望的阿里巴巴帝国管理模式："我们一直要寻求一个新的管理模式，不是金字塔式的，可能是扁平化的，甚至最高管理者长时间离开，公司内部的自循环、自沟通、自决策能力会变得非常完善。"

不管外界舆论怎么看待马云的资本运作，对于4万名不远千里赶赴马云"退位"盛宴的听众们，乃至数百万阿里巴巴用户和数亿消费者来说，阿里巴巴的这种变化对每个人都是一个机会，人们需要做的正是抓住这个机会。而这也许才是马云离任前最真实的想法。这不是一个马云式的战略布局，但也许是最马云的战略构想。

除了梦想，唯一不变的是变化

我们处于一个急速变革的时代，这个时代以前所未有的速度改变了人类的生活。对于企业家而言，首先要把握已经发生了的变化。如果对已经发生的变化无动于衷，那又怎么可能应对未来的变化呢？已经发生的变化，告诉我们这个世界将向哪个方向前进，也意味着企业家所领导的企业将以怎样的方式适应未来的生活，一个企业必须有足够的文化底蕴来适应变化，更要适应未来的变化，否则，这个企业将在变化的狂潮中被撕裂。

2013年5月10日晚，杭州小雨淅沥，略有寒意。黄龙体育中心内外，"淘宝十周年"晚会盛况空前，周边的温度急剧上升：数千家酒店被订购一空，正在举办的一场商业活动门票价格上涨到上千元，能够容纳4万人的场馆座无虚席……

这是阿里巴巴董事长马云作为阿里巴巴CEO，对近4万名观众进行的最后一次演讲，他在演讲中宣布正式辞去阿里巴巴CEO一职。

马云的离职演说一如既往，声情并茂，慷慨激昂。对于变化，马云感慨地说："十年以前我们看到无数个伟大的公司，我们曾经也迷茫过，我们还有机会吗，但是十年坚持、执着，我们走到了今天，假如不是一个变化的时代，在座所有年轻人轮不到你们，工业时代是论资排辈。

"就是因为我们把握住了所有的变化，我们才看到未来，未来三十年，这个世界、这个中国将会有更多的变化，这个变化对每一个人是一个机会，抓住这次机会。我们很多人埋怨昨天，三十年以前的问题，中国发展到今天，谁都没有经验，世界发展到今天，谁都没有经验，我们没有办法改变昨天，但是三十年以后的今天是我们今天这帮人决定的，改变自己，从点滴做起，坚持十年，这是每个人的梦想。

　　"我感谢这个变化的时代，我感谢无数人的抱怨，因为在别人抱怨的时候，才会有机会。只有变化的时代，才是每个人看清自己有什么、要什么、该放弃什么的时候。

　　"我们认为，除了我们的梦想之外，唯一不变的是变化！这是个高速变化的世界，我们的产业在变，我们的环境在变，我们自己在变，我们的对手也在变……我们周围的一切全在变化之中！"

　　互联网最大的特征就是变化，只有能够重视变化、预测变化，并且抢在变化之前采取行动来应对变化，才是最好的办法。

　　马云一直强调，面对变化，要主动拥抱变化。阿里巴巴对拥抱变化的详细阐述是：突破自我，迎接变化。对于本行业的特点有深刻的认识，坚信变化是我们的日常生活。对于公司的变化，认真思考，充分理解，积极接受并影响和带动同事。对于变化对个人产生的影响，理性对待，充分沟通，诚意配合。在工作中善于自我调整，具备前瞻意识，建立新方法、新思路。面对变化后产生的挫折和失败，能够重新调整，以更积极的心态投入到改进中。

　　这个世界是个变化的世界，在马云看来，面对变化，必须毫不畏惧，并且要感谢这种变化，主动抓住变化，才有可能抓住获得成功的机会。

倘若洛克菲勒在100多年前，不能洞察到石油行业所存在的巨大发展空间，那他将永远是个三流商人；倘若卡尔·本茨不能预见到汽车行业的发展趋势，那么世界上第一辆汽车的发明者将是戴姆勒；倘若李嘉诚不能预料到塑料花行业的衰落，那他将是一个破产的倒霉老板；倘若张瑞敏在短缺经济时代不能预想到质量对家电的重要性，那么海尔将是龟缩在青岛的一家小工厂；倘若比尔·盖茨不能预感到个人电脑时代的到来，那他只是一个默默无闻的哈佛毕业生……有太多的倘若被预见和洞察力所改变，而正是企业家的这种对未来的强烈预见能力，使他们成功地站在时代前列，成为商业时代的英雄。可以说，预见趋势，洞察变化，是一种典型的企业家精神。

对于企业家而言，要生存，就要认识趋势，就要认识变化，就要认识不确定性。有变化就有趋势，有趋势企业家就需要应对。对企业来说，"不确定性"永远存在，在中国目前的经济环境中这一点更为明显，企业家往往很难确定企业的未来，很难确定自己的战略，其根本原因就在于对社会的认识、对趋势的认识失之片面，流于表面。不确定性并不可怕，关键在于管理者必须学习在不确定性中寻找发展的机遇和变动的机遇。

阿里人在变中准备，在变中求胜

互联网行业本身就是变幻莫测的，它的发展以及未来都不能真正被人看清楚。事实上，整个互联网都是在不断的变化中发展起来的。"以变制变"，让马云和他的阿里巴巴在互联网的浪潮中如鱼得水，变化的形势反而给了马云更多的机会。

马云在2008年3月湖畔学院讲话中曾经说道：创造变化、拥抱变化是我自己的理想。我个人理解，这么多年来阿里巴巴最独特的一点就是拥抱变化。人，特别是既得利益者一定是害怕变化的，其次，很多人只是在适应变化，而阿里巴巴这个词比较过分，叫"拥抱变化"。

但是变化是很难的，尤其在好的时候要变化更难。不好的时候变也变不好，出现危机了，要找新的CEO了，开始寻找救星了，这个时候变不好了。世界上没有多少救星的。要在阳光灿烂的日子里修路，风调雨顺的时候做准备，太阳升起时买雨伞。

拥抱变化是一种境界，是一种创新。拥抱变化是在不断地创造变化。变化有的时候是为变而变，但更多的时候你要比别人先闻到气味不对。这个就属于创造变化，为了躲开想象中的灾难，为了抓住想象中的机会，你要不断地去调整。所以"拥抱变化"其中一个很重要的点，大家要去理解，就是这个变化绝对不是不好的变化，而是说你对灾难的预测，对好趋势的预测。

"拥抱变化"的学问非常深，因为它是创新的体现，也是一个危机感的体现。一个没有拥抱变化、创造变化的人是没有危机感的，一个不愿意去创造变化和拥抱变化甚至是变化自己的人，我不相信他有创新。变化是最可能体现创新的。

更重要的是，阿里人学会了在变化中求生存。当别人都说"以不变应万变"时，马云却说"拥抱变化"，阿里巴巴不仅有"三个代表"，还有"四项基本原则"，这四项基本原则的第一项就是：唯一不变的是变化。

对于"唯一不变的是变化"，马云是这样解释的："我们在不断的变化中求生存，在不断的变化中求发展。如果发现公司没有变化，公司一定有压力，所以说我希望告诉你们每一个人，看看你自己的成长，是否带来变化，Transformation也是变化，我们的网站，Traffic（交易），我们的Revenue（收益），各方面是不是有变化，我们的服务策略是不是有变化。我们要不断地去适应这种变化，如果你觉得昨天赢的东西你今天还要希望这样赢，很难了。一定要创新，变化中才能出创新，所以要学会在变化中求生存。"

马云在建立阿里巴巴时，很多电子商务公司都是面向大企业的，马云认为阿里巴巴不能也这样做。顺应时代的变化，马云认为随着网络的普及，大公司模式很可能走向终结。因为在互联网时代，对一家公司而言，不需要太多资金就能进入国外市场，从互联网大量的即时性信息中，中小企业可以很方便、很及时地获得更多的市场机会。

当时很多人还不知道电子商务是什么，马云已经敏锐地捕捉到了这个新事物，并意识到电子商务一定能为这个时代带来巨大变化。这样，马云便想："我为什么不能给众多的中小企业一个网络出口呢？"于是，不同于当时任何电子商务模式的模式，专门为中小企业服务的"阿里巴巴"就这样诞生了。

可以说，阿里巴巴自诞生之始就是变化的产物，随后在互联网的风雨突变中，不断地应对变化，不断地调整自己，同时也在不断地创造着变化。伴随着变化，阿里巴巴一直走到今天。

做好今天的事，准备好明天的事

如果一个企业只顾眼前的发展，丧失了危机观念，就好像一个人闭着眼睛开车一样，早晚会出事。怎样做好准备呢？那就是切实做好今天该做的事，并时刻树立危机观，对企业的不足之处加以改进，为企业未来的健康快速发展做好准备。

企业要有危机意识。危机无处不在，如果不懂得以危机作为自己成长和进步的动力，企业将难逃失败的宿命。几乎所有成功的企业，要想持续发展，都必须注重未来可能出现的危机。

对于有些企业来说，最大的问题不是做不好今天该做的事，而是缺乏危机意识，无法对未来可能发生的变化，做好充分的准备。尤其是那些处在高速成长期的企业，只看到自身的快速强大，而忽略了在瞬息万变的商海洪流中可能面临的危机：金融危机、产品安全危机、品牌信任危机、人事动荡危机……

2000年新世纪伊始，在"网络股"泡沫破灭的寒流还未侵袭中国，国内通信业增长速度仍保持在20%以上的时候，华为年销售额达220亿元、利润以29亿元人民币位居全国电子百强首位，而正是这个时候，任正非却大谈危机，认为"华为的危机以及萎缩、破产一定会到来"。他的那篇题为《华为的冬天》的文章后来在业界广为流传，深受推崇。当然，"华为的冬天"并非只是华为公司的冬天。正如文章最后所说："眼前的繁荣是前几年网络大涨的惯性结果。记住一句话'物极必反'，这一场网络、设备供应的冬天，也会像它热得人们不理解那样，冷得出奇。没有预见，没有预防，就会冻死。那时，谁有棉衣，谁就能活下来。"

马云那篇《冬天的使命》与《华为的冬天》恰有异曲同工之妙，它带给我们这样一个重要启示——最危险的情况是你意识不到危险。繁荣延续时间长，意味着冬天要来了。在企业经营的过程中，危机总会不知不觉地到来，因此，企业家不得不预先做好准备。

在全球经济的冬天渐渐逼近之前，嗅觉敏锐的马云已经开始准备如何过冬，并且已经为在严冬中积蓄力量做好准备，以迎接阿里巴巴下一个春天的到来。

在2008年7月23日马云写给阿里巴巴集团全体员工的内部信——《冬天的使命》一文中，面对即将到来的冬天，马云发出了"冬天并不可怕！可怕的是我们没有准备！"的呼吁。对此，马云提出了两点过冬的措施：第一，要有过冬的信心和准备；第二，要做冬天该做的事。

在马云看来，形势比人强，变化总比计划快。企业在运行的过程中不仅要把今天的事做好，还要有危机意识，准备好明天要做的事。面对互联网的冬天，阿里巴巴只有做好过冬的准备，在严冬中"深挖洞、广积粮"，酝酿整个集团下一个十年发展计划，并帮助中小企业一起度过漫长的冬天，才是长久的发展之道。

马云认为，作为企业领导者，要有敏锐的洞察力，要洞察未来的市场是什么，CEO最困难的是要把灾难扼制在摇篮之中。

尤其是电子商务公司，要想稳步发展、获得成功，必须能够防微杜渐，站在整个大行业、大市场的全局高度上，在危机来临前或者危机刚刚萌发时，及时调整策略，及时遏制危机的蔓延，才能持续生存下去。